大展好書　好書大展

超經營新智慧 14

輕鬆賺錢高手

增田俊男／著
楊 鴻 儒／譯

大展出版社有限公司

大展好書 好書大展

前言●一百年一次的投資機會來臨了——增田俊男

依靠兩種方法一勞永逸並非夢想

任何人都會認為一勞永逸只不過是夢想而已；但是，如果像書本中所言一般，可以讀取隱藏於背後的重要資訊情報，則一切不再只是夢想而已，甚至是每一個人都可以達成的常識。

經濟可以分實體經濟和金融經濟，而我們得於兩方面都獲利才行。

所謂的實體經濟，主要是依靠創造商品或服務來進行獲得利益的經濟型態，因此，這種投資事業必須仰賴創造商品或軟體，才能更廣泛地販賣商品軟體與不斷地從中獲取利潤。

至於，金融經濟這一個商業世界，就如同損人利己的社會一般，是個有人獲取利益、有人損失利益的世界，是相互搶奪彼此懷中金錢的世界。

由於如此，必須找出大家以為是常識的謊言，了解其背後的真實情形才最重要。如此一來，了解謊言中實情的少數人則會獲得大多數人所損失的金錢。因此，在金融經濟的市場之中，普遍原則是損失金額和獲利金額相加總和為零。

但是，在實體經濟世界之中，則是呈現雙贏的局面（Win Win Game），因為主要是以加、加為基本常識；但是，在金融經濟世界中是以加、加為零的基本常識。因此，在金融經濟的商業世界中，對於基本常識採取質疑態度的人反而才有獲得利益的機會，所以相信基本常識的人反而會有所損失。

雖然，利用實體經濟獲取利益的人常常會批評投資行為無法獲得利益。但是，對於捉摸不定的對象進行投資之時，往往會有令人意想不到的情形發生，而這就被稱為是原始投資（Seed Investment）。

然而，這如同孤注一擲的賭博一般，能否擁有確實性的情報來源，就具有決定性的影響。

其次，我們必須研究投資的方法和技巧。根據確實的資訊，並非一股腦兒地進行一次決勝負的挑戰，而是對七至十個對象進行分散投資；如此一來，才能分散掉風險。所以，本書中將會介紹西元一九九七年的投資情況，提供給各位讀者參考與了解。

了解世界資金的流向

想在金融經濟的世界中獲得利益，就得先了解世界金融的基本趨勢和技術面兩部分。

我於一九九五年四月十八日（筆者的生日）歸國，前二十年都待在美國。我在美國的大證券公司中，長年和維特•雷諾斯在外匯中心進行交易。而大約在回國之前的一個月，接獲他的電話，他通知我喬治•索勒斯即將拋售日幣。

而依據財政時報的報導證實，同年十二月份左右，的確有喬治•索勒斯販賣日幣的記錄。

在沒有委託他人的情況之下，為什麼喬治•索勒斯要發布販賣日幣的消息呢？推究其因，因為喬治•索勒斯前兩、三次在基金方面損失頗多，所以非常想挽回情勢。既然他「活動」了起來，所以我便慌忙地反其道而行，購買日幣。

我盡力地收購日幣，令證券公司相當吃驚。因為任何人都知道喬治•索勒斯的影響力，所以都會順從他、追隨他的行動。但是，我完全不會感到不安。

我記得二十年來，在日本第一個值得紀念的那一天，我撥了電話到美國，以當時市價（At Market）七十九日圓拋售所有的日幣，而七十九日圓是當時日幣市場的最高值；所以，二十年後，我的歸國活動是被日幣的最高值所迎接的。

仔細想想就可以得知，我由美國動身的那一天，日幣對美元的比例是三百六十日圓對一美元，是日幣最廉價幣值的時機；然而，我卻在日幣最高值的那一天歸抵國門，所以，可以說是臨走還獲得喬治•索勒斯龐大資金的餞別禮。

到了五月份左右，索勒斯才發表損失慘重消息；但是，我不相信那是真的。

以別的角度來看，一九九五年是令人難以忘懷的一年；這一年，日本中央銀行開始實施超低利息政策，公定利率是百分之零點五，可說是人類自從有資本主義以來，歷史上最低的利率。

我知道這個消息的瞬間，直覺日本今後的投機資金會流向美國，同時認為日幣會急速貶值。而當日本的資金會流向美國時，則是意指著必須以日幣購買美元。

理所當然的，日本的股價會急速下跌，因此必須拋售會隨日幣貶值而虧損的公司股票，如此一來才能獲得利益而不損失。

然而，最大的被害者是誰呢？

最大的被害者當然是銀行，而受負面最大影響的是大建築公司。日幣貶值之後，則銀行以美元結算的資產會減少；股價下跌之後，銀行的帳外資產會減少；再加上會造成銀行最大借貸對象大建築公司融資流通不易而形成呆帳，呈現四面楚歌的狀態。

「情報特權階級」的投資術

因為日本政府實施超低利息政策，所以對於日本的股票方面，我決定在個人的字典中消除「買」這個字眼，持續販賣與銀行相關的股票，再持續性地買進大建築公司的股票。

然而，我最後於一九九八年九月三十日的賣場中加以拋售；翌日，十月一日之後，我的字典之中「買」字又復活了。因為，依據我的計算，九月份之前日本的投機機會會陷入谷底，更推測十月份之後，會由日幣貶值的局面轉換為日幣升值的態勢。

接下來，日本資金會由美國向國內回流。一九九八年一月以後，各地區的網站（如：『時事直言』網頁[www.luvnet.com/~sunraworld2/index.html]等）推測十月份左右日幣幣值會有所抬升，所以在美國道瓊指數股票市場中，日幣幣值會急速上升。

依據預測，日經平均日幣值於一九九九年三月會開始提升；七月份會超過一萬八千日圓，到十月份時則會突破二萬二千日圓。

到了八月份的第二個禮拜，匯率處於上限值一百一十六日圓至下限值一百二十三日圓的安全圈（box market price）範圍之中。所以，我由八月份到九月份期間，一面觀察紐約道瓊指數的變化，進而發現日幣幣值開始愈來愈遠離安全圈，開始朝向更高值的方向前進，而日經平均值則邁向二萬日圓。

政治並無法挽救日本的經濟。政府雖然重視這個問題，並且想盡辦法進行供應政策，但是實際上並沒有任何成效。

將一九九九年一月到三月的GDP（國內生產總額）推高的主要因素，在於一九九八年十月以來股價上升了百分二十以上所帶來的波及效果。完全不是任何政策的驅動。

如果十月份時，日經上升到兩萬二千日圓，則意味著由九八年十月開始上升了百分七十以上，這對於日本經濟的影響是無法計算的。

首先，不斷販售著景氣好壞知識的評論家，所牽強附會的景氣不佳之謠傳，以及傳播媒體所製造出來的景氣不佳感會消失。接下來，對於重視供需的層面（對需要的供給方面、企業方面）也會有相當不好的影響（不肯放款），銀行中的國際比較資產會急速上升，進而ＢＩＳ基準的自我資本比例會輕易地超過百分之八。所以，就全部銀行的整體看來，其帳外資產額會增加到二十四兆日圓以上，相當驚人。

不僅銀行方面如此，上市股票企業資產增加額會比銀行還多。同時，消費會被提高一個月所得的百分之一點五以上。

在日本之中，被製造出來的景氣不佳感並非可以由政府來解消的，而是得在市場中加以彌除。日幣幣值高漲、股價高漲等現象，更可以說是日本百年一度的賺錢機會，所以更加不可忽視；而大好的投資機會，已經來到你我眼前。

但是，如果無法判讀情報的內在玄機，則無法成為賺錢高手；更可惜的是，你的財富即將成為賺錢高手的囊中物了！

所以，先閱讀本書已成為所謂的「資訊情報特權階級」，才是先決條件。

目錄

第三章● 依據股票和匯率來增加利益

第四章● 以匯率、股票獲取利益的實戰投資術

第五章● 海外投資才是終極的獲益方式

第一章

知道如何增加財富嗎？

重視市場的前財務部部長魯賓

在開始討論具體話題之前，我們先來簡單地分析日本和世界的情勢；因為，這是了解我推薦本書中投資方法的必要前提。

魯賓於一九九五年就任美國的前財務部部長；在其擔任美國屈指可數的高德曼•薩克奇證券公司的董事長時，在投機界發揮其經濟手腕，可說是資本市場中的佼佼者。

美國前財務部部長魯賓所採取的經濟政策是重視市場政策，此政策和日本所採取的重視供應經濟政策可說是全然不同。

魯賓所採取的重視市場經濟政策非常成功，因為其活潑化了美國的資本市場和消費市場，引導景氣復甦。

魯賓為了吸引世界各國的資金進入美國，特別巧妙地運作美金升值和高利率兩大策略；另一方面，又攻擊利用期貨基金的買空賣空投機者，這些人當中又以喬治•索勒斯最具代表性；並於一九九七年煽動亞洲經濟的通貨膨脹，精采地演出強勢美國的角色。

一九九五年的紐約道瓊指數在四千美元左右，但是，自從美國前財務部部長魯賓上任以來，道瓊指數不斷地上升；到了一九九八年四月，指數突破九千美元；到了一九九九年，其指數甚至高達一萬一千五百美元，真是驚人。

而製造產業無法彌補消費需求的美國，只能依靠金融、情報資訊等軟體產業部門，來無限量地吸收世界中其他國家的資金。所以，這一類產業公司的股票在股市行情之中擔任了領導角色。

在股票不斷上升的過程之中，美國大約有超過六萬人參與此盛會；也就是說，在美國成年人的世界中，每二人當中就有一個人買了股票又加以售出，售出後又加以購買，如此不斷地反覆享受資本利益。由於美國依靠這種不勞而獲的財富來促使美元升值，購買輸入商品來促使物質價格下跌；如此一來，使得美國成為世界經濟的領導者。

魯賓將美國的財政由赤字轉變為黑字、失業率降低、消費力增加、經濟景氣好轉的貢獻相當大。

相對而言，日本於一九九五年因應美國要求，選擇接受不利於己的超低利息政策。另一方面，又增強重視供應政策，直至今日仍然無法改變。由於日本在一九九八年四月接受了美國的要求，進行了被稱為大爆炸的金融改革，促使海外投資、海外匯兌、海外送金等外匯交易自由化。

由於如此，更加速了一九九五年以來日本資金流向美國的速度。

然而，到了一九九八年九月三十日，由日本流向美國的資金（投機資金）陷入谷底。魯賓也趁此時機示意辭職，因為由日本吸收而來的資金停止的瞬間，也是其任務終止的時刻。

由泡沫經濟轉換為製造產業政策

我於一九九八年十月，在網路上的『時事直言』網頁書寫了「資金遊戲的時代結束了！政治遊戲的時代來臨了！」另外，還寫了一篇「如果柯林頓不知道這個事實，則極有可能會被暗殺」。

我之所以提到一九九八年十月開始迎接「政治遊戲的時代」的理由，在於柯林頓總統訪問中國之行的過程中，他和江澤民相互拘肩而提出「中美友誼」的和平氣氛，同時也決定了「中美合作軍事演習」。

同時，美國利用市場互惠原理，在日本吸收大量資金的時代終告結束；接下來，應該準備迎接強取豪奪的政治時代！但是，美國今日卻將自己的假想敵國中國視為「朋友」，這似乎是過度了些。

即使美國國民將自己所擁有的股票加以拋售，將所得的利益湧入懷中，也不會使股票下跌；然而，一旦美國的投資家拋售股票，則股價應該會下跌。話雖如此，紐約道瓊指數仍然持續攀升，這又是為什麼呢？

美國的經濟景氣其實是依靠「老鼠會」的原理，才勉強得以保存。

老鼠會的金字塔結構重點，在於下屬持續性地加入，致使整體無限制地持續發展。換言之，即使美國股票被持續性地販售，但是，股價仍然持續上升的主要因素在於日本方面無限量地流入投機資金。

但是，這種情形到了一九九八年九月三十日就已經停止了。日本資金停止流入美國的那一剎那，一萬美元的紐約道瓊指數直落至七千七百美元。這個事件使得FRB（美國聯邦準備制度理事會）議長格林斯潘開始慌張，在兩個月之中，利息連續調低了三次；如此一來，才使得道瓊指數恢復到九千美元。

如果金字塔的底層結構沒有流入資金，則美國經濟將會崩盤。由於如此，美國被迫轉換政策，如何才能避免資金不流通，而促使今後的發展。

過去的美國，總是依靠著他人懷中所擁有的金錢，來進行擴大利益，並且消費他人的金錢、以他人的財富來支付他人的利息。又為了預防他人資金的流失，以結算來彌補消費行為所耗費的資金；更進一步地說，今後的美國，所要進行的策略將是「創造價值」。

又持續性地誘引著他人的資金，來進行擴大經濟的政策；並且縮小那些泡沫產業以及軟體產業所擁有的集約資金，而在同時，也要發展創造價值的製造業才行。

日幣升值、股價升值和高利率是投資關鍵語

魯賓的責任結束之後，一九九九年七月二日開始由桑麻斯擔任新的財務部部長，其今後得強力支援製造業才行得通；也就是，魯賓借重泡沫經濟，而桑麻斯則必須借重製造業。

理解緩慢的柯林頓總統，終於發現他必須要去面臨那個政治遊戲之時代，於是於一九九九年五月七日「攻擊」了駐紮於南斯拉夫的中國大使館。如此一來，柯林頓總統才得以免於被暗殺。然後，中美戰略演習、中美合作軍事演習也隨之停止，進而導致中美兩國的關係開始進入相互敵對的情況。

雖然柯林頓的理解緩慢，但是，他還是參加了這場政治的遊戲。從此，只要實踐這個政治遊戲也就可以了。至於軍事武器的製造以及販售行為，則是美國之所以參與這場政治遊戲的主要原因以及支柱。

為了達成目的，該做些什麼呢？

在開始製造之前，首先要做的則是整理倉庫。美國自九八年十二月十七日開始，進行美英聯軍的伊拉克的攻擊。而於九九年三月二十四日開始攻擊南斯拉夫，美國仍然會依照著原定的計劃，首先將飛彈作為其主要的清倉對象。

接下來則是進行販賣的工作。在此之前，必須得到購買兵器以及裝備買方的日本國的保證。幸好小淵總理於五月三日正式訪問美國之前，已經在國會之中通過了日美防衛協助方針。因此，現在日本向美國購買武器已經成為日本的義務之一。以後，美國可以放心而且盡情的進行武器的製造。

由北韓發射飛彈，十二艘中國軍艦進入沖繩島附近海域，美國的航空母艦由聖地牙哥出海向東海航行，臺灣與美國一起開始戰略性的進行了太平洋防衛基地建設的技術協助交涉談判，而中國則發表了「注目日本中的二個日本」，由此而對日本的臺灣政策進行攻擊……。日本的周圍似乎突然間騷動了起來。

對於新到任的黑田財務部長在六、七月所進行的連續外匯的介入行為，桑麻斯認為「別作多餘的事情，趕快擴充內部的需求。」但是，卻又認為「強勢的美國是必要的」。如此一來，相信大家都能解讀出背後的政治意義是什麼了。

為了擴大販賣軍事品所得到的利益，並且得以縮小美國經濟史上最大、最嚴重的貿易赤字。而想要以軍事品所無法吸收的剩餘資金流入日本，又該如何去做呢？

理所當然的就是使「日幣升值」。而這樣做的結果則會促使「股價升高」以及「利率提升」。所以，美國想要使日本的幣值升高。

這是本書中所介紹的投資重點，請各位在了解資金的流向的情形之下，繼續的閱讀本書。

首先，在具體的說明投資術之前，必須先說明人的慾望以及金錢的問題。因為人類的慾望才是影響行情以及匯率的重點。

為什麼只有日本人滿身大汗地工作

擁有完全不需要有金錢想法的人，恐怕是不存在的。不僅僅如此，已經擁有財富的人，還是想要擁有更多的金錢，也是人之常情。

雖然，也有守財奴的說法，但是對於財富的追求程度，則是因人而異的；然而，想要去獲得金錢才是人類理所當然的情感。拿著這本書正在閱讀的你，必然能夠理解這樣的說法。

但是，仔細想想就會發現，為什麼所有的人都想要發財呢？

如果是因為肚子飢餓，或是因為看起來很好吃，才吃蘋果的食慾，是可以令人了解的；當人想要擤鼻涕之時，而有想要衛生紙的慾望，也同樣的可以使人們理解。

然而，金錢並不能食用；也許可以做為擤鼻涕之用，但是和衛生紙相比較，則是顯得太過於硬而不方便。

雖然如此，如果要一個非常飢餓的人選擇一個蘋果，或是一萬元的日幣，這個人必然會選擇一萬元的日幣而非蘋果。

即使想要吃這個蘋果，也會緊緊的握著手上的一萬元日幣，然後跑到水果店買蘋果，之後再將其餘的錢放入口袋中。

如果將一萬日幣和一張衛生紙二者相比，而要求選擇其中之一，此問題相當的簡單；會為了擤鼻涕而放棄一萬日圓，且選擇了一張衛生紙的笨蛋，應該是不會存在於這個世界的。

雖然，金錢本身並沒有任何特別用途；但是，大家竟然為了獲得更多的金錢，而讓自己每天從早到晚不停流汗的工作。

就上班族而言，一天最少工作八個小時；除去通勤時間以及睡眠的時間等等，可以說是為了一邊吃飯、一邊看電視的自由而拼命地工作。

本書的主旨，在於有人可以更輕鬆地賺錢，但是為什麼只有日本人從早到晚地工作呢？好像是為了輕輕鬆鬆、為了賺錢的人一般。然而，今後的人應該更優閒地賺錢，度過人類本來就應該享受的生活。而本書就是以介紹這樣的專門技術為目的。

為了達成這個目的，本書將逐一地說明其基本思想、態度以及具體的方法。但是，在此之前，我們來說說到底什麼是金錢？

什麼是金錢？必須清楚地了解金錢的意義是最為重要的；如果只是執著於賺錢，則有可能會被金錢所吞沒、操縱。必須先好好地思考應用金錢的方法，並且避免被金錢所操縱。

要了解金錢則必須知道金錢的意志，如此一來，才能學會操縱金錢的方法。

你能了解金錢的真正魅力嗎

什麼是金錢？金錢的正式名稱是「貨幣」；簡而言之，金錢意味著「具體化商品中所包含的價值」。

但是，由定義上以及實際作用上來看，金錢有幾種不同的要素。

如果就其機能的層面來看，金錢可以說是財富的量尺，也因此可以一目了然地了解它的價值。

一顆小蘋果的價值為五十日圓、一顆大蘋果的價值為一百日圓，它的價值一目了然。大蘋果的價值可以說是小蘋果的二倍，而就這個機能的角度來看待金錢，則金錢可以被稱為「計算貨幣」。

另一方面，金錢也可以說是財富的代替品；此外，也擁有獲得財富的手段機能；而且，它又可以發揮商品流動的機能。

人類因為金錢的發明，而由以物易物的時代，發展成為貨幣經濟的時代。只要以金錢作為媒介，則可以順利地流通商品。但是，金錢本來是不存在的。然而，使用金錢的只有人類而已。

同時，如果人類只是一個單獨地存在，則完全是不需要金錢的，只需要將自己身旁所喜好的東西拿來，也就可以了。在自己的能力範圍之內，所喜好的東西可以隨自己的喜好而去獲得它，這樣也就可以了。我在這裡所說的在能力範圍之內，是意味著不善於爬樹的人，便無法獲得生長於樹上的椰子。

但是，在兩個人以上所組成的社會之中，因為兩個人之間的慾望的種類是有所不同的，因而有了交換行為的出現。

假設一個雖然擅長游泳，但是卻不善於爬樹的A；與一個善於爬樹，卻不善於游泳的B，二人的能力完全不同。如此一來，A經常吃魚，而B經常吃樹上的果實以及果物等等。

如果單獨一個人存在，則沒有任何的感覺；但是，當A開始發現到B所食用的果實，而B發現到A所享用的魚類，彼此想要享用對方的食物時，當然會產生交換的行為。在交換的行為產生之後，可以互相滿足彼此的慾望。

然而，兩個人變成三個人、三個人再變成四個人、四個人再變成八個人……，如此隨著人數的增加，就會想要更有效率的完成彼此的慾望，由此就開始需要以金錢為媒介。

首先，前人使用家畜、貝殼、石頭以及布等商品式貨幣來進行交換；所以，大家都曾看見開鑿洞穴、挖掘大石頭中所蘊藏的黃金等照片。或者，在現代的某些地區之中，仍然有「以三十頭牛頂讓給你」一般，家畜是金錢的代替品。

但是，各位應該非常容易聯想到，這種金錢太過笨重、體積過於龐大，也許家畜會不聽使喚或走失，使得流通不太方便。

因此，隨著交換規模的擴大，則機能性地使用較為便利的金或銀，到了最後便開始鑄造貨幣。

一直到最近，瑞士也廢止了金本位制，進而採取了完整的貨幣管理制；但是，嚴格地說，過去也是以黃金作為貨幣得以流通的保證。

由於貨幣的出現，使得二個人或三個人之間，甚至大眾之間才有可能進行物質交換，這意味著大眾之間可以相互滿足慾望。

因為交換圈的擴大，由地域擴大到國家單位，甚至擴及到全世界；如此一來，滿足慾望的行動會更加快速、合理和大量化。

金錢除了是價值的量尺，還具有計算貨幣功能、流通（交換）功能等基本功能之外，另外還具備了儲存、支付手段、流通國際的世界貨幣之機能；同時，發展成為具有支付手段的信用貨幣功能。

但是，簡而言之，金錢象徵著、代替著財富和慾望；實際上，它也擁有代替慾望的功能，更具有計算資產財富的功能。

這就是貨幣（金錢）的最大魅力。

國家的存在是為了滿足最大限度的慾望

前文曾經提及貨幣的最大魅力，但是到底貨幣意指著什麼？然而，貨幣也是為了獲得財富以及慾望的手段。當我們將貨幣的認識為代替品的意識高漲的時候，方才有可能形成貨幣，以及只有金錢才可以隨時滿足慾望的社會制度。

本來，貨幣只不過是物質交換的手段而已；但是，貨幣本身卻轉變為目的以及結果。

由於形成了慾望＝貨幣的公式，則會發生些什麼事情呢？

因為人類本身的慾望無窮，所以想要去賺取無限的金錢。

然而，如果要表示貨幣的意義，則大多數的人會認為是人類所擁有的慾望以及慾望本身。

因此，我們必須探討何者為慾望？

慾望的根源存在於個人，乃以個人心中、腦中所思考的事情。想要些什麼？該採取些什麼行動？想成為哪種類型的人？諸如此類的種種慾望。

基本上，人類的心情並非經過計算或有其原因才會產生，通常被認為是自然湧上心頭的自然現象；但是，在這階段只不過想創造出情報而已。

例如：想吃一顆蘋果，並非有其理由或是經由計算的結果。而是一種自然的慾求。但是，如果僅止於思考是不會有任何結果的。

接下來，人類會為了滿足自身的慾望，而開始採取某些行動。

會去思考哪裡有蘋果樹？哪家店有販賣蘋果？或是，哪個家庭會給我蘋果？等等相關的問題；思考耗費最少、犧牲最少的情形之下，趕快獲得蘋果，這是非常自然的想法以及慾求。

儘量以最少的勞力、不要走太遠的路程、不需要耗費太多的金錢，去獲得好吃且並非酸、澀、乾的蘋果，而是甘甜的大蘋果。

這種思考方式是極為自然的，在這些想法之下，為了實現這樣的目的而行動。說明至此，應該沒有任何的問題了。

可是，在尋找蘋果的行動過程之中，你會發現許多人和自己一樣，都想要以最少的勞力、最短的時間，來獲得最多以及最好吃的蘋果，甚至會出現想搶走自己手上的蘋果的人，或是出現了阻礙獲得蘋果的邪魔。

認為搶奪可以不耗費勞力而獲得美味蘋果的多數的人，會企圖採取強奪的方式。或者，在於蘋果樹有限、追求者人數眾多的情形之下，則會出現想要增加自己取得的數量而去減少競爭人數的人。

不論一個人、兩個人都好，如果想獲得蘋果的人有所減少，則會對自己有利。因此可以的話讓想追求蘋果的人中途跌倒。

於是，彼此間開始思考如何限制他人的自由，而讓自己擁有更多一些的自由，所以只追求屬於自己一個人的自由。

但是，只依靠自己的力量是無法阻擋那麼多的邪惡人類的；所以，人們必須開始組織政府機關來代替自己去行動。

政府保證了自己的自由，也會有種種的規範制度；規範制度是為了阻止大部分的國民採取行動，然而只允許少部分人的行動。

譬如：規範規定了不可以獲得蘋果，但是，自己還是擁有想獲得蘋果的慾望，因此向政府要求只允許自己去取得，進而獨自一人獲得蘋果。由於如此，此人會比其他獲得更多的利益。

人類會開始逐漸產生爭奪行為；然而，又因為人類一直宣稱主權在民，所以個人的慾求權利由國家來代理，建立使自己獲得最大利益的關係。

當此關係有所變化的時候，有人獲取利益，有人損失既有所得。之前已經獲得利益的人有可能因為新的資訊、新的價值觀的變化而陷入不利的窘境；這些情況不斷地反覆發生，展現了人類的歷史。

類似這種情況，請各位理解一下，當貨幣介入時會產生什麼現象，這才是本書的目的。

個人慾望以「資本的意志」呈現

金錢有其意志。話雖如此，並不是一張一張的鈔票都有它的意志。

我在各種場合之中都會說明「資本的意志」，並且獲得相當多人的批判。然而，我所說的「資本的意志」和金錢有意志的想法相同。

關於「資本的意志」的詳細說明，請各位參考我的另一部著作『資本的意志使日本復活』。在此為了主題的延續性，所以只進行最簡單的必要性說明。

過去，我依靠洞察「資本的意志」，而心中形成了「資本的意志」，使得自己對於政治方面、經濟方面的預測都可以命中。這些事情看看我的網頁『時事直言』必然可以了解。

當然，我並非為了炫耀才提到此話題，而是想說只要能了解「資本的意志」，就可以知道「金錢的意志」，也可以知道世界中的各種事物。

相反地，了解世界中的事物就可以知道「金錢的意志」，也可以知道金錢的流向。

那麼，什麼是「資本的意志」？

亞當和夏娃因為無法克服蛇的誘惑，而食用了禁忌的果實，因此被放逐出伊甸樂園，這是舊約聖經中的〈創世紀〉故事，說明了人類由出生開始就受到慾望的支配。慾望支配著生命，所以人類如果沒有慾望就會死亡。我們以食慾的例子就可以理解。

如前所述，則慾望等同於金錢的公式就可以成立，所以人人都想追求金錢。因此，以最少的勞力、最短的時間來獲得最大的利益，就會產生一定的方向性，也就是所謂的「總意」。

換言之，世界中所有人類的慾望集合，就是所謂的「資本的意志」。

舉例來說，我們一起來思考日圓和美元的匯率。因為匯兌匯率的價值時時刻刻會有所改變，則剎那間有多少人購買日圓，也有多少人購買美元，匯集起來成為所謂的「資本的意志」。

如果有一百萬個人進行買賣，就有一百萬個意志，集結起來成為總意，則匯率降低了二・五日圓也就是「資本的意志」的顯示。

在金融經濟世界所展開的激烈競爭

人類慾望總意所呈現出來的「資本的意志」是一種商業哲學，而且各種型態、思考方式、方法、手段皆是以此為基礎的共通概念。

我經常會出言不遜，而以僭越的語氣說：「耶穌基督傳達『神的意志』，而增田俊男則是傳達『資本的意志』。」如此一般地敘述我個人的意見。

然而，以資本的心態來考慮周圍種種的事情，擔任「資本的意志」的代言人或辯護者，始終是筆者所堅持的一種態度。

無論經濟、政治、文化各方面，都站在「金錢的意志」立場來進行觀察，自然就會了解過去各方面的發展情形，而今後將會如何展現。

希望各位考慮到金錢問題的時候，可以以金錢本身的立場來進行思考。

並非以自己自身的立場來進行思考，而是以金錢本身作為考量基礎點；把自己的慾望想法置換為金錢的慾望，站在金錢的立場就可以加以了解；所以，得小心在你身邊經常微笑的人們，因為他們非常有可能成為你的競爭對手。

如果以獲取蘋果的例子來表示，倘若鄰近的人賺了許多金錢，則只是表示了自己可以賺得的金錢已經愈來愈少了。

這種思考模式非常重要，在本書中將說明透過股票和一般的金融商品來獲取利益，前文所言的都是非常重要的原則。

在後文中也會更詳細地說明。然而，在充斥了股票和金融商品的投機世界、金融經濟世界，是一種產生財富的世界，也是爭奪財富的世界；然而，此世界受到先前敘述的「資本的意志」所支配。

因此，在金融經濟的世界之中，必須非常清楚「資本的意志」。

當然，為了自己的生存，並不需要主張應該殺人或減少人數，而使得自己可以獲得的利益增加，因為實際上並非如此苛刻，才能在此世界生存。

反之，意味著在金融經濟的世界中，想獲取利益則必須認識此商業哲學才行。

最近的社會比較混亂，所以我在此再次叮嚀這種思考方式是一種認識觀念。

在世界中賺錢的兩種方法

過去，日本人因為股票、匯兌和金融商品而獲得利益；但是，如果只想採取這種行動來獲得利益之時，則會被認為是違背道德、不正經等種種偏見。

俗話說：「在冰冷的石頭上坐三年，一定會溫暖起來」。來比喻「忍」的重要性」，所以，就賺取利益這一件事而言，終其一生拼命工作的人就顯得非常偉大，但是只需要撥兩、三通電話給證券公司就可以駕駛進口汽車、在自家游泳池中游泳的人，卻往往會被認為是遊手好閒的人。

努力追求一種事情、製造出令人喜愛的物品而在商業界獲得成功，可說是極為了不起的行動，可以成為後人的借鏡。與買賣股票獲得利益者相比，更令人尊敬。

仔細地思考，腳踏實地賺進一百萬日圓以及撥一通電話買賣股票所賺進的一百萬日圓，同樣都是一百萬日圓，其價值有什麼差異？事實上，同樣的一百萬日圓具有相同的購買力，這是可以確認的。

關於賺錢方法的選擇，是個人的自由。

接下來，我們來探討腳踏實地製造商品，以及撥一通電話買賣股票這兩種經濟之中，經濟和獲取利益之間的關係。

有關賺錢的方法大致分為兩種方式。

其中一種是依據提供商品或服務來獲取利益的方法，另外一種是依靠低價買入、高價賣出股票等金融商品獲得利益的方法。而前後兩種經濟模式可以分別稱為實體經濟和金融經濟。

譬如：以一百萬日圓所製造的商品銷售得到一千萬日圓，便賺到九百萬日圓，這與一百萬日圓買進股票以一千萬日圓賣出所賺來的九百萬日圓並無差別。

為了製造商品必須購買材料來進行加工，而材料費和加工的勞動力總和為一百萬日圓的成本，如果所製造出的商品非常便利，可以使生活提高到一千萬日圓以上的價值，則可以以一千萬日圓賣出。

由一百萬日圓的成本生產出一千萬日圓以上的價值，才會有人出面購買；而這種新產生的價值和報酬則稱為利益。

那麼，股票世界又如何呢？

以一百萬日圓買進股票以一千萬日圓賣出，所賺來的九百萬日圓，並非在此世界中所創造出的新價值，而是以一千萬日圓購買股票者的荷包中所移轉過來的。

資本主義具備了資本和勞動，以資本調度籌措原材料，以勞動力對於原材料進行加工，如此才會產生出新價值，但對此價值所進行評估的利潤會回到資本家的手中。

利潤會再度成為資本的一部分並產生出新價值，再進行投資；由於如此，新價值會產生出財富，且不斷地循環。這是資本主義的系統結構，所以產生的利潤其實是在資本主義社會中所獲得的利益。

以一百萬日圓買進股票以一千萬日圓賣出，所賺來的九百萬日圓並非利潤，而是差額。只不過是將別人的資金轉移成為自己的資金，其中一方獲得利益，另外一方損失利益，其「加」和「減」價值一致的關係則稱為零總額（zero sum）。

而在金融世界之中，一切活動都是以此零總額來進行交易。

有獲得利益的人，同時就會有損失利益的人；然而就整體來看，總和加減為零，這也是所謂的零總額。

如前文所言，在此零總額的金融世界之中，你身邊的人隨時都有可能是競爭對手。另外，實體經濟則是可以相互生產財富的世界，但是，金融社會則是你爭我奪、追求勝負的世界。

在賽馬場上購買馬券者，有人勝、有人敗，勝者所獲得的金錢其實是失敗者所損失的金錢；買賣股票也是如此，其和購買馬券的原理相同，失敗者所付出的金錢是勝者的獎金。

但是，在實體經濟的世界中，需經常生產出新產品和新服務以創造出新財富，因為反覆地製造而不斷地積累。股票方面則不同，其加減經常成為零。

所以，我們必須了解獲取利益的兩大本質。

膨脹為實體經濟三十五倍大規模的金融經濟

如前所述，創造商品及服務的經濟模式就是實體經濟，而以股票進行交易的經濟模式就是金融經濟；金融經濟的資金就是實體經濟世界中所剩餘的資金，所以在實體經濟世界中所獲得的剩餘利益會流向金融經濟世界。

如果有一張為了購買物品或服務而開出三千萬日圓的支票，而明日所支付的三千萬日圓並不會完全流向股票世界；而三千萬日圓中流向金融世界的其實是剩餘資金，這樣才可以購買股票。

如此說來，使用於金融商品世界中的資金，其實是剩餘資金，或與還債無任何關係的剩餘資金。

這就是構成金融經濟的資金。

終戰時期，市面上物資缺乏，所以如果製造出商品都會銷售一空，當然會獲取利潤；一般而言，伴隨的是利潤會流向買賣股票、期貨商品的金融經濟世界，但是實際上並非如此。

當時剩餘的利潤並非流向金融經濟世界，而是投資於增產的設備，可說是投資於實體經濟世界；然而，如此一來又會生產出新價值；只要製造出商品馬上就加以賣出，所以沒有任何多餘的資金流向金融經濟，由於不斷地投資於設備，所以不可能有剩餘資金的存在。

如此一來，實體經濟隨之擴大。

但是，到了某一種程度，必須擴大的資金充分足夠，則會出現剩餘資金，而這些剩餘資金就會流向金融經濟世界。

發展至今，金融經濟的規模已經是實體經濟的三十五倍大；也就是說，以剩餘資金的形式，將實體經濟不必要的資金流動到金融經濟世界，使得金融經濟世界的規模日趨膨脹，而以實體經濟之中的三十五倍資金不斷地流通。

在資本主義世界之中，數量就是力量，而眼看就像是金融經濟以三十五倍大、壓倒性的數字支配著實體經濟一般。

但是，現在我們必須來思考和辨認經濟基本上的主從關係。

理所當然，應該是以實體經濟為主、金融經濟為從。但是，次要經濟世界中所使用金額卻是主要經濟世界中所必須資金的三十五倍。

由前文所述的現象看來，好像是喧賓奪主一般，而我們必須了解這經濟實況。現在，在資本主義社會的新價值觀被創造之前，則必須通過此關卡和時期。

日本人對於金融經濟太不關心

就獲取利益而言，我們必明確地認識實體經濟和金融經濟的關係。

無論如何，兩種經濟模式都要試圖參與，考慮以最有效率的方式獲取最大的利益。然而，日本人最擅長於實體經濟的發展，因此，現在更必須努力地學習金融經濟的操作模式。

如前所述，日本人非常容易忽視以股票獲取利益，但是，事實上兩種賺錢方式都相同。

將自己的資金運用於程度一的規模，則能獲得程度一的效率，如果放置於規模三十五倍大則可能獲得三十五倍的利潤；因此，就增加個人利益的觀點上來看，為什麼不投資於三十五倍的世界呢？

將日本人和美國人加以比較，兩者之間參加金融世界的比例相差甚遠。

在美國，大約有六千兩百萬人實際參與股票買賣，這意味著兩個美國成人之中有一人參加了股市交易。

日本人口是美國人口的一半。依其比例而言，日本應該有三千萬人參加股票投資。因為，日本和美國都是經濟先進國，並且在世界的ＧＤＰ中爭奪第一、二名的位置。所以，理所當然會如此設想。

但是，現實又是如何呢？

根據最近的東京證券交易所所發表的資料顯示，日本個人投資家的人數未滿五十萬人。這數字和所預計的數字看來，確實不平衡，但也可以使我們了解日本人對於三十五倍大的金融經濟世界太不關心了。

日本人對金融經濟世界不關心的程度，不僅如此而已。

譬如：日本國民對於超低利率政策為什麼不進行抗議？這是我長期以來的疑問。

西元一九九八年，我和船井幸雄先生到台灣舉辦記者發表會時，他對於台灣記者如此說道：

「其他國家支付百分之五的利率同時，在日本的普通存款利率為百分之零點一七五，可說是過分的超低利率政策。可是，日本人還是蠻不在乎地玩柏青哥和唱卡拉Ｏ

K。如果在台灣發生這種狀況時，立法院中恐怕會出現一片火海。」

這才是世界的一般常識。

和外國的習慣來比較和思考，日本並沒有擁有這種文化和習慣。因此，沒有引起社會不安和暴動；但是，一般人民非常憤怒才是理所當然的情況。

增稅四十兆日圓？你們仍然不在乎嗎？

但是，考慮到下列的狀況，你才可以稍微理解到底發生了什麼事情？你才會生氣。

假設日本和美國大陸邊境的大國等，和美國只差了一條大馬路。

由於是居住於附近的鄰居，所以美國人和日本人一樣可以到同一家超級市場購買商品。並且假定美國人A的家族和日本人B的家族一樣，居住於同一款式的住家、有相同的收入和儲蓄，可以說是兩者的生活水平完全相同。

美國人A的家族經常到海外旅行，感覺不可思議的日本人B太太，隔日好奇地問美國人A太太：

「為什麼你們可以到海外旅行呢？為什麼你們有剩餘的金錢？」

而美國人A太太回答道：

「我們有一千萬日圓的存款，而美國銀行的定期存款利息是百分之五，所以每年的利息有五十萬日圓，所以旅行可以成行。」

日本人B太太覺得驚愕，因為日本銀行的存款利息才百分之零點二以下；所以，日本人B如果有一千萬日圓的存款，而每年的利息也才二萬日圓，所以根本無法進行海外旅行，甚至這資金連一個人到附近進行溫泉旅行都不夠。

在這種情況之下，忍不住的日本人也許會到國會去縱火。

但是，日本人沒有這種感覺。日本人民的存款總金額為八百兆日圓，如果以美國人民的利息百分之五的水平來計算，則每年有四十兆日圓得支付給國民。由於如此，如果無法給予百分之五的利息，則意味著有四十兆日圓被榨取殆盡。

但是，我並非煽動各位去國會放火，而是由此事件來說明日本人的關心程度。

日本人的缺點在於財務體系和經營管理都採取複式簿記；但是應該獲得的利益無法獲得，其想法本來應該以單式簿記思維，但日本人卻以複式簿記來思考，認為是被奪走的。

但是，實際上日本人並沒有感受到被榨取。所以，日本人對於百分之五的利息和四十兆日圓的增稅都似乎沒什麼感覺。

日本國民平均每人被課徵了四十萬日圓的稅款，而四個人的家族都如同被課徵了一百六十萬日圓的稅款，日本人對此仍然沒有感覺。

無論有無感覺，日本除外的國家可以以同額的存款來過著更加富裕的生活，是不容置疑的事實。

然而，處於四十兆日圓的增稅情境之下，這似乎是日本經濟不景氣的最大原因。

百分之五的消費稅款、醫療費的負擔增加和所得減少六兆日圓等個位數金額，和龐大的四十兆日圓是無法比較的。

日本在放棄其於金融經濟世界中的任務

以日美之間的日本企業公司和美國企業公司為對象，我們來觀察和思考日本和美國的經濟差距。

關於資本金額，我們可以就紐約道瓊指數和日經指數的時價總額來得知；關於收益，我們可由平常收支來得知；關於資金的流動量，我們可以由國民的現金存款總額來得知；另外，關於債權債務，我們可以由對外的債權債務來得知。

如果了解這些項目，則日美的經濟本質可以相當地明確化。

首先，就股票的時價而言，美國約有四千兆日圓，日本約有四百兆日圓；這意味著美國的資金是日本資金的十倍。

接下來，就收益的層面來觀察，美國已經恆久維持赤字狀態，在一九九九年時還創赤字史上新高的兩千三百億美元，所以其平常收支為赤字狀態。

另一方面，日本每年都是黑字，在一九九九年時還創黑字史上新高的一千三百億美元。

同時，美國的赤字記錄之中，有六百三十億美元（約七・五兆日圓）為對日赤字。我們再來看看資金流動量方面，美國於一九九九年才使儲蓄性向（所得和儲蓄金額的比例）轉變為負數，因此，不僅國民的儲蓄金額轉變為負數，連其現金存款也轉變成為負債的狀態。

在日本方面，其儲蓄性向約百分之二十，這是世界上最高的存款率，其存款現金總額到一九九九年已經超過八百兆日圓。

其金額相當於工業先進國家的國民總存款金額的百分之六十。

最後，我們來看看債務債權方面。美國是世界中最大的債務國，其債務額高達一百七十兆日圓。與之相對，日本是世界中最大的債權國，其借給美國的債權額高達一百三十兆日圓。

美國使用世界中最大的資本金額，因而產生出世界最大的貿易赤字，其國內沒有現金只有借貸金額，所以美國對外可說是世界上最大的借貸國家。

相對而言，日本依靠最少資本獲得最大貿易黑字，可說是獨佔了世界之中的現金，成為世界上最大的債權國家。

像這樣富庶的日本，竟然幾乎無人參加金融經濟世界，但是，這也只能說是日本放棄了扮演世界經濟的重要角色。

不了解金融經濟則無法通行於世界

金融風暴時代的日本，現在正迎接了全球化的時代，其當務之急是對於金融經濟多加努力。

並非要求盲目地參加金融經濟，而是在起步之前應該好好學習。要不然就同現況一般，完全不懂就進行投資，使資金回家。

就如同對馬匹沒有任何研究就購買馬券，而隨意地選擇一個號碼。雖然，有偶爾猜中的可能性，但是以此方式長期投資下去，終究會有所損失。

因此，自己應該努力學習、正確地認識，並且自信地進行投資，培養正確的投資態度。

如果討厭這種文化，而避免學習商業行為，恐怕會永遠行不通的，因為金融風暴已經開始了。趕緊加緊學習，並且加入才是。

但是，如果我們想加入金融經濟世界，應該參加何種金融經濟？

如果我們隨意開口就是金融經濟，就必須先知道其詳細內容。

我們可以將金融經濟世界大致區分為股票市場、商品市場、商品期貨市場等等，最近也有非常複雜的金錢交易，也如金錢遊戲一般的投機性、賭博性非常之高的詞語和風險極高的金融商品開始出現。

到拉斯維加斯或其他地方都好，當地有賭博遊戲、輪盤遊戲、吃角子老虎、二十一點半、巴卡拉紙牌等，還有撲克牌。這些都可以說是金融商品的種類，也就是，金融商品也包括了賭博性質的商品。

所謂金融衍生商品，是指將吃角子老虎和輪盤遊戲，加以組合的新種類遊戲。

哈佛大學的羅伯特馬頓和史丹佛大學麥隆修魯奇兩位諾貝爾經濟學得獎者，所創造出來的金融衍生商品，就是一種賭博的方法，這充分顯示了金融經濟的根本就是一種投機。

能否創造財富的差距

在此，應該先認識投資和投機兩種詞語的差距，這也是實體經濟和金融經濟的主要差異之一。

投資是實體經濟世界中創造新財富的方式，對於材料、勞力、購買進行資金的投資，在這世界中創造出新的財富；創造出過去所沒有的新價值，而成為新的財富蓄積於社會之中。

新創造出來的東西在販售之後被世界認定為財物，市場中的銷售行為則意味著市場評價，而這種價值就是財富的價值。

創造出的價值亦即創造出利益，利益是產生出來的財富中的一部分，而為了產生財富，所投入的金錢就是投資。

另一方面，面對股票和匯兌等複雜的金融衍生商品，將金錢加以投入，則是所謂的投機。投資會創造出一些財富，投機則不會生產出財富。

換句話說，投資和投機的差別在於會創造出一些財富和不會生產出財富。但是，為什麼在不會生產出財富的世界中會獲得利益，事實到底有什麼意識。

投機所投入的金額和收回的金額的差額就是利益（利益當然也會有負數）。投機一百萬日圓的情況之下，而對於此一百萬日圓回饋了一百萬日圓以上的金額（以下情況也是如此），其差額就是利潤。

接下來，我們來探討何為利益。

譬如：某人投資了一百萬日圓。其所投資的股票售出兩百萬日圓，因此賺進了一百萬日圓。而一百萬日圓是別人投機金額的一部分，如此反覆循環之。

極端而言，一個人賺入了一百萬日圓，可能代表了另一個人損失了一百萬日圓。這就是前文所提到的零總額世界。

投機世界是以老鼠會原理加以維持

像這樣零總額世界毫無破綻的理由何在？

這意味著投機世界是以老鼠會原理加以維持，我如此解釋金融經濟的投機世界並無惡意加以醜化，而是說明其原理相同讓各位了解而已。

投機於無法產生新價值的金融世界，可能獲得利益，也可能有所損失。由於如此，新的投機行為必須超出損失價值。

這是這世界的重要之處。和老鼠會的原理相同，下層有新加入的人，而其中某人所獲得的利益乃由新的投機者彌補。

如果A先生賺進一百萬日圓，則可能是由B先生所虧損的金錢來支付；如果有新人加入投機行列，則B先生的投機也會變成正數；而新人的投機會呈現負數，如此一來新的投機關係不斷持續。

在此零總額的世界，有正數就有負數，經加減之後總和為零；在此沒有任何發展之下，應該是會露出破綻的啊！

因為證券交易的時候必須收取手續費，所以交易時要支付龐大的費用。進行股票買賣的過程中，有多數的人在此大系統中運行，所以耗費了大量的金錢。

在零總額世界中，會產生出和手續費等同的負數，當然會產生出破綻。雖然有破綻，但是投機還是可以持續展開，其理由在於老鼠會的下層會不斷有新人加入，使破綻不被顯露。

新人進入則會有投機資金，從而彌補其損失，如此反覆不已；這和老鼠會的原理相同，如果下層結構沒有新人加入，則將會破綻百出。

那麼，新資金將從何而來呢？

其資金乃由實體經濟中產生，實體經濟不斷地成長則會產生出剩的資金。實體經濟產生出必要以上的利益，彌補了一切必要的付出，所以，有剩餘的資金可以投入投機世界。

也就是說，實體經濟的剩餘資金進入了老鼠會結構的下層。這種情形反覆不已，如果沒有持續性的反覆，金融經濟會顯露出破綻。

實體經濟和金融經濟的關係，在前面的章節中即有說明。

以比例的觀點來說，投機性的金融經濟世界是實體經濟的三十五倍。但是，其實有了實體經濟的剩餘資金才能形成投機世界，因此實體經濟才是主體。

沒有實體經濟就不會有金融經濟，換句話說，金融經濟是實體經濟的衍生產業。

然而，金融經濟世界的成長也會影響到實體經濟。因此，如果想在實體經濟世界和金融經濟世界中都獲得利益，千萬不要忘卻此事實。

你有無和金錢結婚的資格

前文我們曾經提到「金錢的意志」和經濟的實際樣貌。接下來，我們來思考獲取利益的心理準備以及和金錢結婚的方法。

到底和金錢結婚是什麼意思？和金錢結婚真的會幸福嗎？

我們先來討論和金錢結婚的先決條件。首先，你愛不愛金錢？愛金錢是非常重要的大事，有愛情的婚姻才會幸福，因此和金錢結婚如男女結婚的意義相同。

第二件重要事情是，能否理解金錢的心情。前文曾經提過「金錢的意志」，這意味著是否由衷地讓金錢如願以償。

金錢擁有阿米巴變形蟲的相似性質，會經常貪婪地加以增殖，然後盼望著使它如願以償的對象。

如果邂逅了這個對象，金錢會大為成長，進而非常愉快幫助人類或保護環境。

同時，金錢很喜歡奢侈，也希望被別人羨慕。

接著，我們根據前面所提到的特徵，來進一步探討和金錢一起共度幸福婚姻生活的方法。

首先，必須了解金錢是自由的。

所謂的「自由」有兩種意義，即「Freedom」和「Liberty」。但是，這兩個詞語在日文辭典中都只有「自由」的解釋，難以區別。

自古以來，日本人就沒有以基督教的觀點來思考這個問題，日本也沒有受過苛刻統治的歷史；因此口中可以隨意說出的「自由」一語，卻根本無法真正理解什麼是真正的自由。

所謂「Freedom」，不論其對象如何，進行負面性和消極性的解放；所謂的負面性指的是一切令人厭惡的事務，如稅金、債務、查封、大量的寄付、冤枉、討厭的謠言、惡意中傷、妒嫉、規範制度、規則、關稅、暴力集團和高利貸等，其對象不勝枚舉。

由這些令人討厭的事項中解放出來，而獲得的「自由」就是「Freedom」。

然而，獲得真正的自由之後，今後自己想去進行的行動，就可以堂而皇之地進行，而這種自由就是所謂的「Liberty」。

「所以，沒有 Freedom 就沒有 Liberty。」

唯有「Freedom」和「Liberty」兩者齊備的時候，人類才有自由。

現在，你所要結婚的對象其實是金錢的夢想，也就是充滿希望的、完美的自由。而你奉獻出一切給你所愛的金錢，使金錢的夢想能夠如願以償，這就是你對金錢的愛情保證。

金錢不會進入這種人的懷裡

現在在你懷裡的金錢是否喜歡走進你懷裡呢？這個問題我們先擱在一邊，來討論金錢要通過多少人的懷裡才能走進你懷中呢？

將一百日圓硬幣遺忘在夏天衣服口袋中的人、在路中掉落一圓也不想撿起來的人、在牛仔褲中的一千日圓鈔票被抓得縐縐的，但又毫不在乎地交給收銀機營業員的人……。

如此般，金錢由前述各種人的懷裡輾轉而來。

但是，希望各位了解金錢也有錢格，面對被遺忘、被忽視、隨便而雜亂的對待，在被羞辱的情況之下，金錢怎麼可能沉默不語呢？金錢對於那種人一定會報仇雪恨。

可能會遺失一大筆金錢，也許金錢會被扒走或騙走，各式各樣的懲罰都有。同時，還會跟從前曾經短暫相處過成千上萬的金錢抱怨說：「這個人很窩囊。」

相反地，也會相互聯絡說：「我們的主人相當了不起。」這種金錢之間相互傳達訊息的情況之下，本來在懷中的金錢也會覺得「我要成為這家族的成員」，因此這個人的懷裡會有愈來愈多的金錢。

如果你實現了金錢的大家族化，此時，你會被稱為「富翁」。

同時，金錢非常討厭撒謊。如果你和一百萬日圓結婚時，你卻吹噓說「我有一千萬日圓」，金錢會感覺相當困擾。

此人所擁有的一百萬日圓，只有上下是真正的金錢協助主人，而中間是報紙的欺騙情況，則現有的金錢和其它金錢都不會原諒你。

結果，這筆金錢不是被警察沒收，要不就是落入不見天日的命運。因此，金錢會覺得此人行跡可疑，而馬上拔腿就跑。

倘若一切相反，交易對象是誠實正直的人，金錢會與他要好；誠實正直的人與金錢的往來則會頻繁，或是與金錢的孩子結婚，進而形成龐大的家族。

而此人會和金錢一起發展與繁榮。

我前往美國之前（一九七四年）在日比谷公園的長凳下方撿到兩百萬日圓，因為隔日我有預定的支票到期，所以剎那間會覺得是神的恩惠。

但是，我也覺得也許遺失金錢的人隔日可能也有到期的支票，所以我遵循母親從小的教訓，將撿到的金錢送往派出所。

幾天之後，住在田園調布的一位白髮紳士前來拜訪，而他就是那位遺失金錢的人；其後也就是他全力支援我的事業。

這意謂著「正直者頭上有神明居住（神保祐正直誠實者）」。

金錢會跟隨默默無言的人

金錢不喜歡會為了小事情而耿耿於懷的人，而喜歡有遠大的夢想和理想的人。

日本的道路和鐵路多半是連接已經形成的城鎮都市，而美國的高速公路和鐵路多半是為了連接新的城鎮都市所建築。

鐵路的路線設計圖先被發表，再決定以何處為車站地點，如此一來，就算是賠了錢也賣不出去的荒野沙漠，其土地價值也會上升。

許多不動產的開發公司，也會開始發表如夢一般的大型計畫，而圖上交易也開始展開。

現在的地點雖然是荒野或沙漠，但是在美國卻會有大量的投資資金湧來。

鐵路公司會將一部分的預定車站周邊土地，以接近免費的低價售出；如此一來，才能確保建設車站的資金。車站的建設工程一開始，其周邊土地的價格會急速攀升，進而帶來更多的投資，使資金湧到周邊，建設熱潮開始展開。

由於如此，不久之後沙漠會搖身一變，變成一座大都市。可說一張設計圖可以產生幾十萬、幾百萬人口的大都市。

金錢喜歡會採取行動的人們，有偉大夢想、有自信的行動高手。

對於金錢來說，這些人才是理想的對象。

金錢是有生命的物體，它討厭總是待在黑暗的保險箱中。如果將金錢放置在黑暗的保險箱中，一旦金庫被打開，便會集體飛出去而一去不返。

然而，在各種人物懷中的金錢們，會相互傳達和警告說：「到某某人的懷中會被鎖在黑暗的地方！絕對不要去喔！」

結果，那位仁兄不但為人所側目，也會被金錢所厭惡；瀕臨死亡的時候，家人還會因爭奪財產而對其憎恨，最後一個人孤獨地離開人世間。

將金錢一直放置於銀行的人也不會被金錢所喜愛，雖然有緣份才會到此人的懷裡，但是馬上將金錢寄放到其他人的懷裡，如此一來會被金錢視為是沒有人情味的人。

金錢不會聚集在「落伍者」的懷裡

在這世界之中，經濟觀念有兩種，一是如維護傳統藝術技能一般保持同一基礎，一是最好追蹤經常變化的事物。

金錢對於時代的需求傾向相當敏感，經常想邁入時代先端。

現在又正值資訊傳達革命時代和經濟模式改變時代，所以如果維持同一模式就會受到金錢的厭惡；因此，為了滿足金錢的慾望，需要一面配合每天的時間變化，有效率的進行活動才行。

現在是製造、分配和消費都依靠電腦有效率控制的時代，所以，我們必須檢查自己的企業是否落伍了呢？

前些日子，我到線上家具販賣店（FurnitureOnline）參觀。

如果在網際網路中的線上家具販賣店的網頁上訂購了辦公室家具之後，在兩週之內會寄到公司，並且按照訂購者的指示加以配置，隨後會將所有的剩餘東西打掃乾淨，可見其服務方式值得信賴。

依據美國的家具業調查顯示，這種販賣方式有不斷增加的趨勢。

圖 1 線上家具販賣店（FurnitureOnline）的網頁

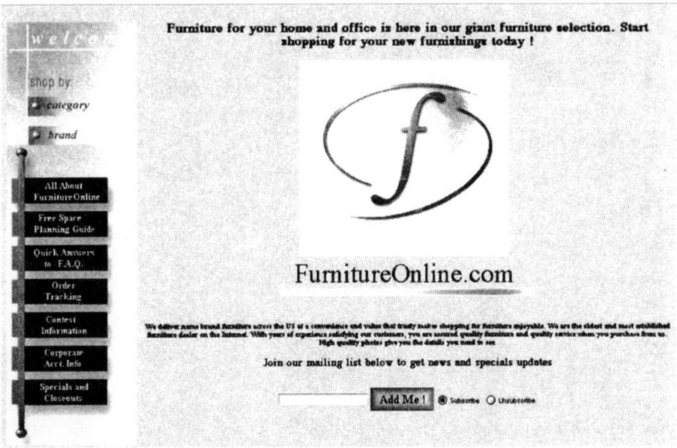

我也曾經聽過線上家具販賣店的顧客建言，在訂購之前可以先到百貨公司或一般的大型家具公司聽取店員的介紹，或是親身去「感觸」家具的感覺，而不在一般家具公司購買，在線上家具販賣店購買。

今後，這一種例子會有增加的趨勢。各種商品或可說是一切商品今後都可以連線販賣。不管大型家具公司多麼熱情地求愛，金錢仍然不會理睬他，因為金錢討厭落伍的人。

同時，對於金錢來說，政治也是非常重要的問題。因為這是和前文所論述的自由（freedom）有關。

因為，自由（freedom）意味著解放金錢的活動自由，如果想達成此目的，必須依靠政治；所以，金錢和政治有關係。

在如日本一般富裕的國家之中，其商業活動容易進行，但是稅金很高；而在香港等稅金只有百分之十六點五的國家之中，生意卻難以進行；所以對於業者來說，可說是又痛又癢。

將各種名目的稅金和公共稅金總和起來，日本成為世界中負擔最高的高負擔國家。金錢想逃離到低負擔國家之中，或是將日本轉變為低負擔的國家，其實金錢知道如何將日本塑造成心中理想的國家。

世界第一的現金保有、世界第一的固定資產、世界第一的對外債權、不輸給任何人的技術等等，再加上忠實而勤勉的民族性……。

在這個世界，有哪一個國家比日本民族更優秀呢？

雖然如此，日本卻成為高負擔的國家，追究其原因在於政治問題。

所以，金錢非常歡迎可以排除憲法、日美安全保障條約、聯合國憲章等限制日本主權的方法，而金錢也非常喜歡依靠這種有辦法的人。

金錢要選擇喜歡的「家」

金錢十分了解人類的壽命短暫；金錢不會死亡，而人類得面對死亡。

由於如此，金錢渴望人類在短暫的人生中，不要浪費時間、消極和猶豫不決，而必須勇敢地向金錢的夢想進行挑戰。

金錢絕對不會離開想達成自己願望者的身邊。

所謂「有錢人」，意謂著金錢不想離開的人，也就是金錢所喜歡的人。同時，「和金錢無緣的人」乃意指著不會被金錢理會的人。

可是，如果你能夠理解金錢的心情、又勇敢地將短暫的人生奉獻給金錢，但是你的「家」並不被金錢所喜愛，如此一來，則無法過著幸福的婚姻生活，所以不久之後金錢就會離開。

和人類結婚也一樣，如果無法相互疼愛、相互了解，或是沒有得到家族親人的祝福，則不能過著幸福的婚姻生活。

然而，對金錢而言，什麼是家呢？

譬如：你在短期間獲得利益，但是一半以上被課徵稅金，則金錢就會不滿。金錢不喜歡稅務官員出出入入家庭之中。

金錢所追求家庭是「自由的家庭（Home of Freedom 由災難中解放家庭）」。

金錢會由高稅金國家被邀請到低稅金國家，或是移轉到完全沒有稅金的國家；同時，金錢會向你竊竊私語，說想居住於隱密而不被發現的地方。

同時，希望讓你的第二代、第三代子孫繼承全部的財產，當你死亡之後你的子孫仍然繁榮。

一般，金錢會非常討厭遺產稅；不僅如此，金錢討厭行使自由及賺錢計劃卻半途叫停的國家，或規範制度較多的國家。

你能讓戀人的要求如願以償嗎？如果你無法做得到，那麼，你日後子孫會成為與金錢絕緣的家族。

現在，金錢嚮往日本

雖然金錢會挑選所喜歡的人，但是不會挑選國籍。對於世界上的人都平等看待，所以我們千萬別忘記我們經常受到金錢的注目。

然而現在金錢最嚮往的地方就是日本。

本來，金錢喜歡日本，但是，美國要求日本政治家採取超低利息政策，所以日本的資金被強迫向美國分散。

金錢不理會因泡沫經濟崩潰、不景氣而喘不過氣來的日本，將其甩在背後；而美國中如老鼠會的泡沫產業不斷地酷使金錢。由一九九五年日本採取法定利率百分之零點五的超低利息以來，美國過著金錢最討厭的、最浪費奢侈的五年。

「該停止下來了！」

金錢如此怒吼著。

今後不論日本和美國採取任何政策，或是美國使出任何政治力，金錢會回歸於日本。

因為超低利息政策而流向美國的日本資金已經流盡，除了回歸日本之外別無他法。

金錢希望日本人別蔑視他們，也希望日本人別將因股票和期貨獲得利益的人視為「不正經者」。

因為，你才了解金錢是你獲得自由的唯一方法。應該拋除滿身汗水地工作以獲得利益者偉大；不勞而獲得利者無價值或不正經的觀點。

不勞而獲乃由「汗水」所衍生出來的產業。雖然，金融經濟膨脹為實體經濟的三十五倍大，但是如前文所述一般，呈現出喧賓奪主的現狀，其責任在日本。

因為日本擁有世界上大部分的現金，包括美國在內等許多世界中的國家都向日本借錢，而有世界第一債權國之稱的日本，今天會有這種狀況，就是沒有聽取金錢的意見所造成。

如果了解金錢的心情，則會了解「金錢的意志」。能即早使「汗水的結晶」支配著「不勞而獲」的金融世界，這就是金錢的渴望。

使金錢增減的關鍵在於你

現在，金融經濟膨脹為實體經濟的三十五倍，支配著世界。金融經濟只會擴大而已，無法為世界創造出更多的財富。

同時，在金融經濟的世界之中，將債券抵押擔保以調度資金，反覆此行動使金錢增加到幾倍或幾十倍。

但是，資金不喜歡被使用二十倍或三十倍，而想增加二、三倍。

增加金錢，則意味著在世界中創造出價值。

金錢，對於美國所採取的動作和沒有充分創造出財富的現狀感到相當討厭。

能使金錢如願以償的國家只有日本而已。

因為日本的儲蓄傾向非常高，其所儲蓄下來的金額八百兆日圓佔先進工業國國民存款餘額的百分之六十。

儲蓄下來的金錢如果離開儲蓄者的手中，在國家的控制之下，變成被國家財務部所運用。

如前文所述，日本對於世界各國而言，有龐大的債權，是世界中最大的債權國。

如此般，日本為金錢所青睞的國家，但是日本完全不想行使受青睞者才可以擁有的發言權。世界最大的債權國日本，怎麼會變成世界最大的債務國美國的奴隸？這使金錢無法理解而感到痛苦，覺得非常難過。

不可以因為倫理道德而忽視惡行，因為日本比美國更擅長於獲取利益；所以，如果更進一部地模仿美國的金融技術，那麼一定會迎頭趕上美國才是。

當日本學會這種技術之後，道德倫理則更勝於惡行。

金錢相信著日本，將一切賭注於日本。所以，金錢影響著日本。

相信你已經知道如何獲得金錢的歡心，金錢成為戀人爭奪戰的對象。

金錢對你的期望非常多，但是條件非常複雜，有兩種實現的場合，一是股票市場，一是匯兌市場。

關於讓金錢喜愛的具體方法，在本書的第三章中有詳細的解說；請各位一面回憶前文所提及的概念，一面進一步地閱讀。

第二章

增減金錢的關鍵在於情報的獲取

投資和投機都以情報資訊來決定勝負

看我的『時事直言』網頁，就可以了解第一章中敘述過的概念。我如何獲取情報資訊？如何進行預測？這在網頁中都有詳細的說明。而我的預測都一一命中，相信這是眾所皆知的事實。

本書將一面介紹具體的實例，一面對情報資訊進行正確的對應。

想要獲取利益，則得了解如何在金融經濟的世界中獲得利益。首先，必須注意有無情報；再注意能否及早獲得正確的情報，這和能否獲得利益有極為密切的關係。

其中，我所記載的金融經濟與實體經濟相同。譬如：新市場中有何情報？何種商品賣不出去？今後何種商品最受歡迎？今年流行哪一種顏色？這些情報都非常重要。

市場的趨勢、個人的嗜好、個人嗜好的變化、混亂的社會開始追求安定、追求變化的各種社會現象、個人的心理狀態和社會整體的心理狀態等等，都是商品買賣時不可或缺的情報。

除此之外，各個國家的經濟狀態也是不可或缺的情報資訊。

抱持可以奢侈過日子、無法奢侈過日子或出門旅行的心態，等等各種社會現象和個人的心理狀態，都會影響經濟。

如何更快地獲取情報？或者如何更正確地判斷情報？這也是實體經濟中不可或缺的重要條件。

但是，在金融經濟的世界中，比實體經濟需要更早、更正確地判斷情報。

因為，更早、更正確地判斷情報對於結果而言，會造成極大的差距。

在實體經濟的世界中，要使投資資金有利益回歸，則需要長時間的經營。

以製造一輛車為例，由設計款式開始一直到實際上在道路上行走的汽車，其製造過程需要花費很長的時間，好幾年才會有其結果。

相反地，如果在金融經濟的世界中，現在進行判斷決定之後，其結果是否正確於一秒鐘之後便知分曉。由於如此，金融經濟世界所需要的情報要更多。情報資訊愈多則判斷所承擔的風險愈少。

如果說金融經濟世界，是依靠情報來決定勝負也不為過。儘量提供正確性高的資訊情報，早一秒得到情報就會獲得勝利，如果晚一秒得到情報則會失敗，金融經濟世界就是如此明確化的世界。

其實，實體經濟世界和金融經濟世界都是以情報來決定勝負的世界。但是，前者不花上一、兩年是不會知道結果的，而後者乃在於一秒鐘之間就可以知道結果；這就是兩者之間的最大差距。

同樣有獲得利益的機會，同樣由情報來決定勝負，但是，我們應該了解其性質上的最大差距。

今後日本的金融經濟會快速成長

金融經濟的世界中無需花費等待的時間，要馬上下定決策才行，沒有馬上下決斷的行動緩慢者，會愈來愈落伍。可見，這世界的速度極快。

但是，令人遺憾的是日本人一直忽視對金融經濟進行積極的研究，在進行判斷的同時，其資金也被美國人所吸收。

美國的投資家有六千萬人，而日本的投資家只有五十萬人而已。

美國投資家將資金投機於金融經濟，使得儲蓄傾向往負面發展。

美國投資家不像日本人，只將資金貯存於銀行或郵局，甚至將金錢藏於衣櫃之中，他們積極地參加投機世界，他們將所有的金錢投資於投機世界，甚至最後向別人借錢或抵押家產來參與投資事業。

雖然如此，積極地參與投機行動，是這六千萬人每天反覆採取的行動。

另一方面，日本的儲蓄傾向提高到百分之二十以上，其所獲得的利益多半變成了儲蓄金額；而這些儲蓄資金不可能參與投機世界。

試想，投入於實體經濟中的金錢是由儲蓄金中所投資的嗎？其實不然，事實是實體經濟的範圍逐漸縮小。實體經濟範圍逐漸縮小的原因在於聘雇人員過多、設備投資過多、債務過多等等。

所有剩餘資金都存入銀行和郵局，並不會參與投機世界。

但是，從另一個角度看來，今後的日本比美國更有希望。以金融經濟的成長性觀點來看，今後的日本比美國更有希望。

金融經濟有日趨擴大的命運，但是，如果在巨大的老鼠會金字塔下層沒有新的資金進入，則金融經濟會出現破綻。這在前一章節中已有表述。

在日本只有五十萬人參加投機世界，但是今後會更加擴大。美國已經有六千萬人參與投機世界的運作，所以日後不會再增加。投資股票者已經到達最高數，而可以參加的人也都已經參加了。

同時，在美國已經沒有資金投入，因為都是借來的金錢，所以，不會有新的資金投入。

邁入一九九九之際，美國的儲蓄傾向成為負面，這意味著投機過度的資金已經空空如也，但是仍然想進行投機，所以又借錢來投機。

現在，美國信用貸款和借款金額成長提升了百分之二十。

如果ＧＤＰ也提升了百分之二十，那麼，信用貸款提升了百分之二十不會有大問題。美國的ＧＤＰ的確高達了百分之五的高成長率，但是百分之二十的信用貸款率的確也太高了。如此一來，會陷入信用貸款膨脹的狀態。

為了證實這個數據，我們調查了美國國民的可任意處分之所得，在一九九九年時可說是零成長；這意味著沒有儲蓄存款，是依靠借貸來參加投機世界。

借貸或抵押家產，甚至最後將退休後的生活資金、積存基金、養老金及生命來加以抵押擔保，將全部的資金投入投機世界。

因此，美國的經濟已經無法成長，已經達到投機的界限。

如前文所述，日本的五十萬投資人口和美國的六千萬投資人口相比，幾乎等於零；但是如果日本的投資人口增加一或二、三人之後，則今後的日本金融經濟勢必會有所成長。

所有的日本人必須認清這個觀點，如此一來，日本將成為世界最大的經濟市場。

由此可見，情報資訊的重要性。

資訊情報對於一般投資家的重要性

本章節將一方面介紹情報的處理方法，並一方面說明具體實例。

對於情報資訊而言，又有蒐集方法和判讀方法兩個重點。

首先，沒有情報則無法討論各種話題；換句話說，也就是由蒐集情報開始；但是，不論蒐集多少情報，若沒有加以整理，這些情報也毫無價值；所以，情報的判讀也非常重要。

由情報之中可以判讀出些什麼？能讀取其內在意涵也有情報價值。

關於情報的蒐集方法和判讀方法，以下將進行詳細地說明。

首先，討論情報的收集方法。基本上，資訊情報愈多愈好；這在前文已經說明。

但是，這是針對投資專家而言，因為這觀點對於一般投資家可說是矛盾的。過多的情報資訊對於一般投資家而言，資訊情報的正確性判讀會造成反面性的效果。

日本新聞報紙媒體中所傳達的情報資訊可說是完全開放，因為其競爭激烈，所以因支配關係所造成的情報不平等幾乎不會發生。

和經濟相關的情報資訊、和政治相關的情報資訊、和文化相關的情報資訊等等，大部分都會被刊載於新聞報紙媒體。

一般的投資家，新聞報紙媒體是重要的情報來源；這就得到情報資訊的機會而言，幾乎可說人人平等的。

也就是不可能會發生只有特殊者，或其他人獲得情報資訊。

可是，金融時報和華爾街日報等金融專業報紙，或是路透社、布倫堡、布里奇波特先驅報、Telelate、Guick 等金融情報，或是使用專線傳送到個人電腦的金融情報媒體也紛紛出現。

但是，這些情報是否必要呢？

我們所推論的結論是，這些情報對於投資家來說非常必要，但是，對於一般的投資家而言毫無用武之地。

專業投資家是以秒為單位來進行買賣，即使再微小的情報也必須毫無遺漏；但是，就一般的投資家而言，最好即刻獲得世界情報時，就可以和專業投資家共同進行。

在法律層面，銀行和證券公司的特權業務、匯兌形式等金融衍生商品的交易行為，對於一般投資家，並不必要；所以，對於一般投資家，並不具有太大的投資效果。

專家可以依靠龐大的資金獲得龐大的利益，然而一般投資家能否達到此程度則不一定，但是至少可以回收其成本。

就一般人而言，應該投資股票或匯兌市場的健全交易；所以，不見得要獲得深度的專業情報資訊和詳細的情報資訊。

一般投資家如果情報資訊的收集範圍太過於龐大，而所得的的情報各不相同，所以無法正確讀取情報的內在意涵。

現在，日本所存在的報紙、電視、雜誌、專業雜誌等等各種媒體之中，錯誤的情報也不少。

當然也有極為明確的預測，也有確切的現象原因。但是，將一百個原因當中的一個被誇大報導，忽視其他九十九個原因，而毫無報導的情形經常發生；這一個原因並非是錯誤，但也不需要特別強調。

造成此嚴重問題的主要原因有二個，其一是只報導了百分之八十至九十，其二是這原因的影響力並不大，但卻被擴大報導。

可見，這種報導情報的方式並非錯誤，但是不可以真正地加以接受。

話雖如此，有些金融時報和華爾街日報中的情報資訊，即使沒有閱讀也無所謂，因為那些重要的經濟報紙在國內都有，所以應該有特別的相關報導，而且每一家電視節目都有報導。

不知情報的內在意涵則毫無利益伴隨

就情報而言，情報的量並非最為重要的，真正重要的是情報的判讀方法。情報的判讀方法比情報的量更加重要，因為即使情報量太少，但是，仍然可以藉由正確的判讀來進行正確的投資。

情報有表裡兩面，無論任何一種情報都一樣。首先，我們應該知道此事實。

情報不可能只具有表面意義，因為情報必然有其創造的存在。

有了動機、原因和目的，才能創造出情報；也就是說，情報必然經由具有過濾網功能的發信者，才能傳達出去。所以，必須先考慮如何表達情報，才能傳達出去。

先考慮如何表達情報，再傳達出去；在此過程背後，一定存在了為何以此模式來表達的目的。

譬如：某種和經濟相關的情報資訊，以一種型態來加以傳達，必須透過許多人才能獲得；則此情報的發信者必然可以得到某種利益，換句話說此發信者擁有傳達情報就可以獲得利益的目的。

因此，基本上了解了情報的內在意涵，但沒有利益伴隨而來，是不可能發生的。

我們再由第一章中所提及的蘋果例子來說明，如果有人傳開想獲得蘋果的情報時，其目的並非只想獲取蘋果，並且讓很多人想要獲取蘋果，使蘋果的需要量增加，進而使其價值攀升，因此發信者可能在事先就已經購買了商品期貨。

因此，傳達資訊情報的同時，必須了解發信者想達成何種目的，同時必須正確地解讀出其目的；這意味著要解讀出情報背後所隱藏的意義，也就是解讀其內在意涵。

聽說政治家常會說出不同的真心話和場面話，在情報界也是一樣。

場面話是表面的部分，是任何人都可以接受的主張。其裝著一本正經、努力地主張的人道主義和和平主義都是場面話；而大部分的場面話都不會為人所拒絕。

相信場面話會吃虧

就情報本身而言，負面者非常負面，正面者非常正面；如果給人如此強烈的印象則是如此。但是，其背後就隱藏了玄機。

其實，真心話並非如此。若是傳達出真心話，則會不為人所接受或被認為是表面消息；所以在一人獲得利益的情況之下，才會傳達出真正的情報。

因此，場面話則變得非常悅耳，在此世界中的人幾乎都不加以反對，而表面話被視為理所當然，所以多數人都大為贊成。

至於，真心話又是如何呢？

簡言之，真心話和場面話幾乎完全相反。

因此，大家以為表面話理所當然而採取某種行動；相反的，只有了解情報的內在玄機才會進行不同的行動，因此才能獨佔利益。這事實在許久之後才會被揭露，甚至永遠不為人所知。

獲得情報之後，必須了解其表面話和真心話。尤其是裝滿了甜言蜜語的情報更要特別留意。

我們必須先判讀，到底哪一個人以真心話傳達場面話的情報呢？必須努力地了解和判讀真心話或場面話，以避免情報誤讀的情況。

現在，大部分報紙、電視和雜誌所傳達出來的情報都是場面話，因此，信以為真而採取行動，必然會吃大虧。

趁著大家都認為那種想法是正確的同時，由於自己想獲得更多的利益而盲目地相信跟從，所以會和「大家」一樣獲得相同的遭遇。

因為電視新聞上發布出要販售股票的情報而販售，或是因為電視新聞上發布出要買進股票的情報而買進，則百分之百會損失利益。

必須要洞察場面話情報中的真心話，識破真心話後採取真心話所想採取的行動，必然會成功。也許我比較嘮叨，但我還是再說一次，真心話必定躲在場面話後面。

判讀北大西洋軍隊誤炸中國大使館事件的內在玄機

下文將具體說明情報的判讀方法。

首先，從和經濟不太有關係的話題談起，但是，必須是大多數人所知道的事件才容易瞭解。那就是北大西洋軍隊誤炸中國大使館事件。

一九九九年三月二十四日，北大西洋軍隊開始空襲南斯拉夫。之後，進行比波斯灣戰爭更加激烈的空襲行動。然而，於五月七日北大西洋軍隊誤炸中國大使館。

中國對於北大西洋軍隊的主要國家美國要求道歉，而美國也肯定是誤炸事件而正式道歉。

而此報導的內在玄機為何呢？

首先，「誤炸」即其問題點。我們必須先思考是否有可能真正誤炸嗎？

美國使用於空襲南斯拉夫的轟炸機，與空襲伊拉克時的轟炸機相同。從前，空襲伊拉克時，電視媒體曾經報導過的地理畫面，和轟炸機駕駛所見的螢幕，可說是完完全全相同。

在黑白畫面上所呈現的建築物，其瞄準位置以電腦螢幕上所呈現的相似游標、符號來顯示，只要固定其位置將其發射鍵下壓，馬上會對地上建築物發射，然後命中爆炸，而建築物馬上會消失在螢幕之中。這類似的報導相信有許多人看過。

因此，很多人都知道這種飛彈發射方式；在空襲伊拉克時，飛行員所使用的地圖，並非如觀光旅行導遊所用的地圖相同，進而發射炸彈。

但是，美國對於誤炸中國大使館的理由，提出說明如下：

中國大使館於一九九三年設置於貝爾格萊特，而當時轟炸機飛行員所持有的地圖是一九九二年的地圖，才會造成當時的誤炸事件。

這是美國政府的正式見解。

轟炸機飛行員並非海外旅行的年老者，所以不可能使用舊地圖就發射飛彈攻擊。

如大眾於電視節目上所見，手指放在發射裝置上的轟炸機飛行員，是一面看著和美國軍事衛星連線的監視畫面，一面發射飛彈的。

美國軍事衛星的精密度極高，無論地球任何一個地方，一面看著監視畫面，一面發射攻擊，其命中的誤差約一公尺左右。所以，並非由飛行員一面駕駛著戰鬥機，一面依照地圖加以射擊。因此，並非是看地圖，而是看衛星所傳送的畫面來加以射擊。

所以，以識破美國的謊言為首要。所以得先提出這個疑問？

電視新聞所報導的內容是誤炸事件……，即認為「喔，原來是誤炸事件」的人並不適合於投資事業。今後想依靠投資獲取利益的人，見到了新聞媒體大篇幅的報導「北大西洋軍隊誤炸貝爾格萊特的中國大使館」。在瞬間就要馬上的思考，美國為什麼要說這個謊言？

然而，其所持有的理由是飛行員所使用的是一九九二年的地圖，此時必須靈敏的知道這是哄騙小孩的一般行徑。

這並非是多數人可以接受的辯駁，而是使政治家和一般人都會質疑的謊言，但是美國特地公開發表……。所以，我們必須了解其目的。

為什麼特地公開發表大部分人都會質疑的謊言呢？為什麼美國會如此做？恐怕沒有

比這更笨拙的謊言吧，是故意讓人知道它是說謊嗎……？以各種角度來思考，也就是讀取情報的內在玄機。

中國不得不接受誤炸的理由

接下來，會出現另一個疑問。

中國方面應該知道這並非誤炸事件，而是故意加以瞄準攻擊。

中國應該最了解美國轟炸機的威力，知道它是可以一面和美國軍事衛星連線、一面發射飛彈的系統；這中國應該非常清楚的。

因此我們可以了解，中國要求美國對於誤炸事件要求負起責任，表示中國也認定那是誤炸事件。

中國肯定美國所謂的誤炸，所以要求其擔當誤炸的責任。

但是，實際上並非誤炸。乃是瞄準攻擊的，中國也充分了解這一點。

然而，中國為什麼要求美國擔當起誤炸大使館事件的責任呢？

在一般情況下，如果是瞄準攻擊則中國一定會加以抗議，並且絕對不會原諒美國。

所以，此箇中原因應該好好地進行思考。

同時，與此相關的是，為什麼此誤炸事件會發生於五月七日？為什麼不是選擇其他的日子？

如此般地，一個接著一個解開自己的疑問。

那麼，中國對於此中國大使館誤炸事件的真心話又如何呢？

其實，當時中國內部正發生令人相當頭痛的問題。我們必須知道此點。

這在其他日子的新聞報導上有所刊載。這是任何人都知道的事情，但是沒有人聯想到此事件和誤炸中國大使館有所關連。

連報紙記者都沒有想到此相關的活動正要展開，那就是天安門事件十週年紀念活動。天安門事件十週年乃此年的六月四日，包括北京大學在內的好幾個大學學生們想進行示威活動，而正在準備籌劃中。

國內各家媒體對此事件本身都有其單獨報導，所以有很多人都知道才對，甚至已經有要求自由與人權的抗議版子之照片。

天安門事件發生當時，中國政府讓許多大學生亡命於天安門，如果中國政府再加以逮捕則會引起流血事件。所以，中國政府害怕再度發生天安門事件。

由於天安門事件已經十週年了，所以包括美國等許多國家的民主運動家都集中於中國，預定集會討論。而中國政府在一個月前已經發現此風潮騷動會引動整個中國，而且其將舉辦大規模的示威活動。

關於中國方面，還有另一個非常重要的關聯。在一九九八年七月二十五日時，美國柯林頓總統曾經訪問中國，當時和江澤民主席締結戰略性夥伴的關係。原本非常不友善的中美關係竟然開始熱絡，而為了象徵其新的關係，美國軍隊和中國軍隊將於太平洋合作進行軍事演習，這些都刊載於新聞之上。

可能是這個原因，最近中國的軍事預算有減少的傾向；對於這個問題，人民解放軍卻提出了反彈，這些情報都有刊載於報紙之上。

中國在經濟方面已經處於相當困難的狀態之中，所以減少其軍事預算，而這是政府當局的真心話。由於如此，要消除其緊張，所以計劃中美合作軍事演習。

在此和平氣氛之下，美國為什麼會刻意地瞄準中國大使館而進行射擊呢？美國採取了違背兩國共同目標的行動。我們必須考慮這一點才可以讀取其內在意涵。

演出誤炸事件才是美國的眞正目的

那麼相對於江澤民為了天安門事件十週年抗議活動，和中國軍方反彈而緊張的中國情勢，美國當時的情況又是如何呢？

美國因為吸收了日本的資金而使泡沫經濟膨脹，由於景氣持續性地擴大，因此準備迎接提高利率以抑制泡沫經濟的階段。然而，美國由金融經濟轉型為實體經濟的同時，必須促進以製造業為中心的第二產業之發展；如果只依靠以服務為中心的泡沫產業，終有一日會露出其經濟方面的破綻。

只吸收他人的資金而努力創造出自己的財富，是魯賓辭職的原因。

美國前財務部部長魯賓就是吸收了世界各國的資金，進而使美國的經濟活性化，發展消費力，並且擴大金融經濟；因此，魯賓認為其任務已經告一段落，應該加以辭職。所以，美國今後應該拚命地發展製造業，對於實體經濟投入更多的心力才是。這就是美國的狀況。

究竟如何對於實體經濟投入力量呢？

支撐美國的實體經濟應該就是軍需產業，這應該屬於一般的常識範圍。在美國，和其他產業相比較，在軍需產業中投入資金比較容易產生新價值，這是最近的捷徑，也是最有效的。

軍需產業並沒有特定的市場。但是，其他如石油、蔬菜等一切物資皆有其特定的消費市場，而有市場的商品通常是以其需要和供給的關係來決定其價格。

但是，軍需產業有特定的市場，而是由廠商來設定其獨佔價格；因此，軍事產業是無競爭對象又高利潤的產業。

美國打算依靠由其他國家所吸收而來的資金，一口氣地增產軍需用品，以創造出新的財富。

以這種方式創造財富，並且其成本可以以日本為中心國家流入美國的資金利息來支付；如果美國以此實體經濟獲得利益時，則日本的資金就不會回流於日本。

和利率極為低的日本相比較，美國的利率是日本利率的十倍，面對於較有魅力的美國，資金是不會回流於日本的。

美國擔心通貨膨脹，拚命地想將由世界各國中所吸收而來的資金投入軍需產業，並且拚命地防範集中而來的資金消失，這也就是美國的現狀。

由於誤炸事件而利害關係一致的中國與美國

如果可以了解前述的程度，則應該可以發現各式各樣的事實。

亦即是對於美國而言，當務之急並非緩和中國的緊張，而是依靠軍事合作演習帶來亞洲的安全感，消除世界上的威脅，以建立世界社會中的和平。的確，吸收了世界各國資金以前的美國，必須如此表態；但是，今天卻完全相反，發展軍需產業的美國，必須在世界中創造出威脅和緊張狀態。

因為世界中的緊張也會緩和下來，如此一來，美國會喪失創造財富的機會。

本來，南斯拉夫的空襲事件本身就有這種意味。更何況和中國的軍事合作演習所造成的和平氣氛，並非其真正目的。

這是美國特地攻擊中國大使館的原因，如此一來軍事合作的計劃就可以完全作廢。

那麼，中國為什麼也相信這是誤炸事件呢？

其實，這對於中國而言，可說是求之不得的事。

首先，最高興地莫過於中國人民解放軍。他們認為實際上真的有敵人進行攻擊，則此事件成為增加軍事預算的最佳機會；對於中國軍方而言，再也沒有比這次更好的機會。誇張地說，他們都感動到流下眼淚。

另一方面，這對於中國政府來說，也可以說是求之不得的事。

前文曾提過天安門事件十週年時，將會有極大型的示威活動。但是，經過此誤炸事件之後，這些示威活動的動向又如何呢？

示威學生們將「中國政府，給我自由」的抗議招牌全部丟掉，而將口號改變成「滅絕美國」；並且向美國大使館中柯林頓總統的照片和美國國旗，投擲石頭和汽油瓶。

實際上，中國政府對於學生們的抗議行動默不出聲，也沒有加以制止，完全採取若無其事的態度。然而，過了大約一個月左右，自然而然平靜了下來。學生們對於中國政府的不滿被巧妙地鎮壓下來了。

天安門事件十週年的示威活動，被改變成為大家齊心一致地焚燒美國國旗的行動，完全沒有人對中國政府提出要求，完全轉變為抗議美國的示威活動。

然而，美國的賣命演出，卻解救了中國的困境。

實際上，美國是為了擴大軍需產業，所以和中國一起在亞洲創造出緊張的情勢。對於這個提案，中國也表示贊成；為證實此點，中國不也是一反常態地提升了軍事預算嗎！

如此般地，世界各國中反覆主張場面話的背後，我們必須與真心話進行對話。

如果中國對於情報表相具有反應，則會向美國提出抗議，疑問其具有軍事監視系統，又怎麼會產生誤炸事件，所以必然是刻意射擊的；但是，如果中國面對美國普及性的自由一開始就喪失國家認同（如：愛國的國家意識），則無法挽回。如果以真心話提出抗議，則不可能會通過軍事預算的增加計劃。

當然，中國不會這麼愚蠢；其要求美國要擔任起誤炸事件的責任，其實可以轉移人權派和民主派勢力的意識，如此一來，中國軍方也可以增加百分之二十五的軍事費用。因為中國想增加軍事費用，所以得造成緊張狀態，當然中國不可以真心話對美國說「真謝謝你們轟炸我們的大使館」，因為此舉必定會成為世界各國的強力抨擊對象。

美國無法停止空襲的眞心話

對於北大西洋軍隊空襲南斯拉夫事件本身而言，美國也隱藏了真心話。其場面話是因為米羅歇維奇總統在科瑟（kosovo）壓迫人權，所以才進行轟炸；而其箇中原因與此並不相同。

在本書開頭曾經說過，想發展軍需產業的美國必須先減少其庫存量。空襲南斯拉夫事件，只不過是美國清除武器彈藥庫存量的一種方式。其場面話是，聯軍為了解放在科瑟被鎮壓的阿爾巴尼亞人。其實，空襲的行動本身被認為是不應該的；但是，以此堅持的人，以此行動只攻擊其軍事設施，並且不會影響人命為理由，而使許多人相信此謊言。

但是，美國的真心話是不論哪一個地方都好，只要把武器的庫存量推銷出去，僥倖地促使糾紛的產生。人命也無所謂，只要有地方丟炸彈就可以了。此話怎講？

因為美國想發展軍需產業，所以必須不斷地製造兵器，但是，倉庫中的庫存必須先加以清除。

剛開始時，其平均每日銷售出大約十六億的庫存品。雖然如此，美國覺得緩不濟急，所以後期增加多一倍的美國轟炸機。所以，話說空襲南斯拉夫者是聯軍，但是其後期幾乎是美軍。

為了空襲南斯拉夫事件而追加軍事預算，可以換取日本方面最低三兆日圓，如果可能，是五兆日圓的資金來整理庫存兵器。所以，可說空襲南斯拉夫事件是為了整理美國的武器庫存。

不論空襲南斯拉夫事件的停止，和米羅歇維奇總統接受和平案有關係或全無關係，唯有美國武器庫存量清理完才算結束。

為了證實此點，當米羅歇維奇總統接受了和平案之後，空襲南斯拉夫的情況並沒有停止，反而更加激烈。因為美國只想清理庫存。

雖然米羅歇維奇總統接受了共同和平案，但是美國以其並非全面性接受等等理由，而持續性地加以刁難。所以，空襲南斯拉夫的情況並沒有停止，反而以加倍的火力予以攻擊。

由於庫存量尚未處理乾淨，彈藥和轟炸機的數目竟然加倍，這就是說明美國想趕緊將庫存量推銷出去。此加倍攻擊力的報導，在日本新聞媒體中也有刊載。

新聞中刊載了米羅歐維奇總統全面性接受和平案的翌天，新聞也刊載出ＫＬＡ、柯索夫解放戰線對南斯拉夫政府正規軍進行攻擊。

這當然只能解釋ＫＬＡ、柯索夫解放戰線為ＣＩＡ工作（受到中央情報局所操縱）。南斯拉夫政府正規軍面對ＫＬＡ、柯索夫解放戰線等叛軍的攻擊，怎麼可以背向他們而撤退呢？

當然，他們需要對峙一段時日。但是，北大西洋軍隊卻以南斯拉夫政府正規軍沒有撤退為理由，繼續進行轟炸。如此般一口氣地清理武器庫存，最後才發表停止轟炸南斯拉夫。

誤炸中國大使館與ＫＬＡ的攻擊有密切關係。但是，日本傳播媒體界的報導卻相當凌亂，可能全世界對此事件的報導都是如此。

無法解讀內在玄機者會被毀滅

可以解讀內在玄機，則可以以真心話來對話，甚至能以默契來相互溝通，這是政治家的資格條件。如果不具備此條件，則此人不但不具有成為政治家的資格，更無法成為領導者。

日本政治家擁有的能力可以說是零，由此看來，傳播媒體的作用極大。因此，對於無法讀取情報內在玄機的政治家和國民，傳播媒體更應該對大家倡導真心話。

對國民傳達真心話，使國民提高說話分貝，來質疑抗議政府為什麼不了解事實，才是最重要的事情。如此般以傳播媒體和國民來操縱政府，才是一般國家的實際狀況。

但是，日本的政治家和國民完全不清楚此狀況，這表示已經進入了無讀取情報資訊的內在玄機之環境狀態。

如前文所述，無法讀取情報的內在玄機，則在金融經濟的世界中無法獲得成功。所以，請勿被場面話所誘引，應該藉由自己讀取其內在玄機，並加以判斷明日是否可以買賣股票……。這才是在金融經濟上讀取情報的方法。

這在筆者以前的著作『資本的意志會使日本復活』中曾經提及過，任何人在本能上，都具有判讀內在玄機的能力，也就是超越一切立場才可以見到其真實的另一面。

此能力可依靠訓練而成，當我們在電視新聞節目上聽聞到場面話，會隨即去思考那真心話到底是什麼呢？反覆進行這樣的訓練，就可以判讀出情報背後的真心話。

將電視新聞節目上聽聞的情報都視為是場面話，亦即是將一切當成是謊言，而真實的真心話就隱藏在此謊言的背後。

筆者居住在美國的時候，因為聽見了場面話就馬上行動，所以經常在法院中處於敗訴狀態；因為經驗的累積，才發現了場面話背後隱藏了真心話，唯有能夠讀取真心話才能勝過無法讀取的人。將所有場面話信以為真的人，在美國是不堪一擊的。

在美國居住了長達二十年的筆者，自然而然地訓練出由場面話中讀取出真心話的方法。

今後為了要獲取利益，讀取真心話和真實狀態是不可或缺的條件。如果無法讀取真心話，則無法進行投資，更無法進行投機。

應該了解的是，在這個世界之中絕對要培養質疑的精神。因為任何事情都不可能偶然而生，一切事情都是經過計算好的，或有目的才會發生事件。所以，讓自己擁有識破能力是最為重要的事，因為和事件關係人擁有相同清楚的認知，而依據預定計劃來進行，才是處於真心話的世界之中。

組織性情報處理的時代已經過去了

前文已經對情報的判讀方法進行說明，但是在此經濟世界中，情報才是力量，情報才是金錢。

有人知道情報，有人不知道；也有會讀取情報的人和不會讀取情報的人。知道情報者可以獲取利益，不知道情報者會有所損失；因此，貧窮的人常常要聽命於有錢的人，這就是情報的力量。

但是，現代的情報一別於往常。我們可以先來探討情報處理的型態變化。

國家和公司的型態乃呈現金字塔型。以一般公司為例，金字塔頂為董事長，其下有董事會、經理和課長，愈下層的成員則愈多。如此一來，成為金字塔型的三角椎狀。

國家中的行政體系也是如此，呈現了金字塔型。

公司和國家的組織之所以呈現金字塔型的理由，是利於蒐集情報的體制。如此一來，可以有效率地收集情報、對情報進行判斷、依據判斷採取行動。而最容易進行此進程的模式就是金字塔型體系。

蒐集情報後集中於一處，並進行情報判斷，再以判斷為基本來進行行動。

所謂的行動是以獲取金錢利益為目的的行動，不僅企業體制如此，國家政府機關會以國家利益為前提採取行動，也會以國民的利益採取行動。

以最高的效率蒐集情報，為提高利益而採取行動，最好的方法就是金融經濟。

以國家而言，其中情報的發訊源最底邊是國民。人會自己發出情報，但是不知道別人的情報。雖然並列，但是我們往往不知道旁人的情報。

由國家稅捐處、總統府等蒐集資料處依據國家調查，將每個人的情報蒐集起來。當然，這不包括鄰近國家的情報。

情報由各地的情報單位集中到中央單位；然而，再由某一個機構思考和指導如何利用情報，並且使國民可以獲得利益。

以行政指導的型態而言，指導國民有效率地、拚命地工作，如果國民終其一生拚命地工作，則會為國家帶來利益。

公司體系也是如此，將每一員工的情報加以蒐集起來，再由上級人員所吸收，最後再對所有資訊加以分析、判斷。

為了更有效果地採取追求公司利益的活動，其組織模式中以金字塔型最為理想，以形成金字塔式三角形的結構。

將龐大的情報少量地加以整理，逐漸被上級所吸收，然後再加以判斷。到了由最高領導階層來判斷的階段，將一切的情報混合起來，多餘的、負面的情報會被排除，而將正面的情報精簡。

這種精簡過的情報會呈現容易判斷的型態，並且為上層所吸收。

但是，現今網際網路資訊系統相當發達，致使情報處理的型態產生極大的變化。

由情報支配所衍生的權力會崩潰

權威和權力有非常顯著的差異。

首先，權威這個詞彙有如下的解釋。（廣辭苑）

「①強制他人服從的威力，要求他人在義務上肯定和服從精神的、道德的、社會的法律權威。②在自己的領域中被認為是第一人選的大權威者。」

權威會擁有威力而伴隨著威光，所以具有偉大的支配力。因此，我們會對地位崇高的人行禮，並且聽從偉人的言論。

然而，權威是由什麼產生的？

就權威的產生條件有三。

一是資格，譬如：博士學位、醫生的許可執照、英語能力第一級檢定等。

二是經歷，例如：畢業於著名的大學、救人一命而受人表揚等人具有偉大感。

第三種是極為重要的，其外觀看起來很莊嚴。譬如：如果獲得諾貝爾獎項的學者穿著得太寒酸，則毫無偉大感可言。

如此一來，資格、經歷、外觀等三者成為一體，成為權威或精神上的支配力。若他人順從之，則可以成為權威。

那麼，權力又是什麼？

權力這個詞彙有如下的解釋。（廣辭苑）

「權力是支配他人的力量，是支配者對被支配者施加的強制力。」

那麼，「支配力」和「強制力」又是從何而來？

就是由情報而來。具有情報收集力和情報分析力的優秀者就是權力者；因為權力者知道他人所不知道的消息情報，所以其可以要脅他人或讓他們服從。

或者，知道其他人所不知道的情報資訊，慢慢地一點一滴透露出來，因此招致人群集中而來，進而自由自在地操控人們。其實，權力者的力量也是由情報資訊所造成的。

非常擅長於情報資訊的選擇方式、蒐集方式和使用方式的人，或可以自由地操控者就是權力者。以公司體制作為實例，就是董事長的位置。

依靠情報來掌握其他人的弱點，對於追求利益者給予獲取利益的機會，並加以支配。而情報資訊就是支配例的根源。

由於追求情報資訊處理的效率化，也造成了今天金字塔式的構造組織，而權力者依靠情報控制他人，成為權威。

但是，這種制度在不久的將來一定會崩潰，甚至已經開始崩潰了。

最近，已經有很多人不再服從權威。至於擁有資格、具有良好經歷而外觀看起來又相當偉大者，已經無法再以其威光來使人服從。

舉例來說，最近常常聽到學校、學級「違反倫常」的說法，從前許多中學生就已經不聽老師的教導，但是現在連小學生都不服從老師。

這時代的人，對於無法獲得利益的人、事、物都不會順從。

如果覺得「獲得利益」的字眼有語病，則可以說是對於精神層面或物質層面無法獲得正面效果的人物，並不會順從。因此，精神方面的權威即將消失殆盡。

那麼，今後會演變成什麼狀態呢？

筆者個人認為，具有創造力的人才能成為真正的權威者。

對於自己從來都沒想過、怎麼想都無法解決問題、使用任何方法都無法處理的事，自然有人會有所創造。而對於其所創造出來的事物，大家都相當佩服。

這種創造者讓人產生偉大感，所以可能成為新的權威者。

今後將成為創造者的時代，能做到自己所無法達成或無法思考的事，才能成為指導者。

活用情報資訊的必要條件

隨著權威的變化，權力的構造也就是金字塔組織的構造也開始變化。

過去情報資訊會逐漸地往上集中，在沒有其他資訊傳達方法的情況之下，所以不得不採取金字塔型的組織構造。

金字塔型的組織構造是為了有效率地蒐集情報、整理情報、處理情報和判斷情報所產生的制度和系統。

但是，金字塔型的組織構造如何運作呢？

以前，金字塔型組織構造的最下層是情報的發信者、情報的創造者，其橫向底層的成員可以相互溝通。

雖然橫向成員具有相互溝通的可能性，但也不能不向上級進行垂直聯繫。更極端的疑問是，我們是不是不需要上級了呢?其實，實際情形並非如此。

就情報而言，情報資訊本身的移動並不會獲得任何意義。本來，我們就得依據那些情報資訊來進行判斷，這些判斷才有意義；如果能認識情報、判斷情報和利用情報，才能發揮情報資訊的價值。

如果對於旁人說曾經發生過什麼事，而將此事件加以傳達，其功用則和佈告欄沒有兩樣。

現在，我們可以依靠網際網路來和周遭的朋友情報交流，然而此方式並非馬上帶動情報革命、組織革命，這種方式只具有一半的效果，雖其乃必要條件，但，不是絕對必要的條件。

情報以最為短暫的時間在底層成員中相互傳達，這是相當了不起並且有非常重要的意義，但是並沒有任何價值，更不會創造出基本建設的意義。

這裡的情報資訊可以傳達到另一邊，了解過去所不知道的情報。但是，不會促成任何行動。

即使了解情報的發信者是誰、有多少人知道獲此情報有什麼用途、有多少人可以加以運用、如果應用於其他用途時會如何，但是，如果不清楚伴隨的各種條件或其他資訊情報，則無法充分應用。

也就是說，如果不能由下往上傳達資訊情報的話，情報將失去作用。

了解過去所不知道的情報並沒有任何意義；如果上方設置了鏡子，由鏡子中的影像就可以發現散落的情報正在交錯地傳達。看見此種狀態而無法了解何種資訊和何種資訊結合，才有附加價值的話，那麼，所獲得的情報資訊沒有任何意義。

如此去思考、判斷該與何種資料結合，自己的新情報才可以引出利益。

同時，可以知道這裡的利益和那裡的利益結合起來，可以產生出多少新的利益。並且可以了解依據此利益和哪些情報加以組合可得到效果。

我們可由這些狀況中了解，情報的必要性和獲得滿足的必要條件。

以虛擬系統獲得成功的波音777

過去，依靠充分的金字塔型組織結構和情報必然可以獲得滿足。但是，網際網路的急速普及化，而情報資訊在金字塔底層急速擴大，且飛躍於底邊之上。情報資訊雖然橫向擴散，同時其情報量自身也擴大，而縱向情報交流比例降低。所以，今日已經無法再維持金字塔三角形組織結構，而人數和情報量也會朝著橫向不斷激烈地擴大。

為什麼會有這種狀況？因為誕生了由天空上的鏡子，所照耀出情報飛來飛去的虛擬世界。

虛擬組織是在電腦軟體中被創造出來，雖然沒有實際的人存在，但是，它是可將個人的能力、機能、年齡和好惡瞬間加以分類整理的檢索系統。

至於統轄此電腦軟體的工作不需要由人來進行，其情報由傳達到此電腦軟體的人來加以存取，而對電腦反映出加以拒絕與否，或是某一部分做得到、某一部分做不到；如果別人看見此情報，而可以達成別人無法完成的任務，則此資訊會被積累下來。

依據這種虛擬的方式，開發出組織的實例有飛機中的波音777。

這種開發方式比起以前的開發系統節省了三、四成的成本，並且開發出完全高性能的飛機。

全世界的技術者包括了詳知航空法者、詳知地理者、詳知氣象者、詳知企業者等等；另外，還有能處理飛機本身的問題、必須加以彌補的方法、社會上和法律上問題的專家、技術者，全部都會在網際網路的世界中被集合起來，參加其設計階段。

而集中了相互間完全不認識的四千人，全部的人以網際網路的形式聚集，建立了完美飛機設計的虛擬性軟體制度。

這是以最小資本、最短時間來創造最大利益為目標的軟體，其將一切集約在此軟體之中。

它對四千人個別傳達新情報資訊。將得到的任何新情報傳達給全員，選擇印度某一少年的構想與美國某一設計師的意見組合起來，找出最適合的實踐組織結構，因此需要何種設計則由電腦來進行判斷。

判斷後，才是兩人雙向交流的開始。為了達成目標，互相協助彼此工作。描繪形象圖或商量基本構想的作業流程，是由兩個人來進行。有時甚至會形成好幾個成員的企劃小組。

完成設計圖之後，接下來則需要金屬和金屬加工技術的專業知識。同時，設計師也參與其中，進行更具體性的飛機設計。

以這種方式在虛擬世界中完成此種飛機，而情報的累積和最適當的判斷都由電腦軟體來進行。最後所完成的波音777，不僅可以大幅削減成本，並且成為非常快速、舒適的飛機。

企業型態也會轉變為虛構型態

波音777飛機只是其中一個實例，它只是一個集約、統合、連結機能的系統而已。但是，卻能夠這般自由地依靠軟體相互交換情報，並且可以活用所收集而來的情報資訊。

應用這個系統，不論車子或房子都可以利用電子郵件的通訊，來完成最理想的設計。

在此電腦軟體之中，我想這樣做、我能做到何種程度等等，一切的情報資訊都被輸入，最後再由電腦來進行判斷。

結合某兩者成為最適當的選擇，將被判斷為最適合的成員被集約在一起，形成一個機能團體。這一個機能團體是雀屏中選的人所集聚而成。

例如：傳達出想以五百萬日圓的預算來設計出某一物件的情報，電腦便會選擇出贊同的人，並且活用其能力的最大可能。

極為重視資訊的股份公司型態，變得不再需要國家的框架結構。

因為股份公司的組織型態是蒐集情報資訊進而下判斷的系統，但現今依據網際網路連線的橫向聯絡，或依據電腦軟體判斷的虛擬組織，則不需再以股份公司的組織型態存在。

筆者個人認為現代的狀態就已經是完成的型態，並且是最為理想的型態，但是這不過僅止於技術層面而已，其他部分仍在開發之中。

任何家庭電話都具有某程度上的實踐力，因此有不少人認為已經是完成的型態。但是，行動電話的出現後，則快速地進入了一人一機的時代，一般固定的家庭電話技術還趕不上此時代的一般型態。

雖然電話演變成一人一機的時代，但是我們相信不久的將來必定會出現電視電話，連影像都可以傳送。所以說，隨著技術的進步，科技型態也會有所改變。

因此，金字塔型的公司組織也只不過是虛擬組織出現之前的臨時型態，而這種可能性相當大。

虛擬世界的普及被認知之後，現代已固定化的組織型態也會產生極大的變化。

譬如：優秀的電腦技術員在印度的薪資待遇較低，說不定是美國或日本技術員的十分之一以下，所以他答應開發電腦軟體。如此般地，電腦會選擇出最適當的虛擬組織成員和條件。

最適當的虛擬組織成員和條件被集合，有效率地創造出性能優越的產品。由電腦來選擇出最優秀的智囊團，進行市場分析、消費者調查、支付保證的作業。這些都是由電腦來進行。

不久的將來，一定可以等到這種系統的落實。

專家已經無法成爲領導者的時代來臨了

這種虛擬組織使得個人可以在自己所擅長的領域中工作，雖然如此還是需要有領導者的存在。因為機能集團是由誰來負責、由誰代表是非常重要的事情。

虛擬世界也是在人類社會中所進行，其責任所屬、組織或商品形象都是不可或缺的重要因素。

那麼，由誰來擔任領導者或代表者呢？

當然是最值得尊敬的人。最值得被尊敬的人，並非如前文所言是由資格、經歷和外觀來決定，而應該是具有創造力的人。雖然，機能集團中的成員都是被選擇出的、最優秀的人才，但是在群體中最傑出的人還是有資格成為領導者。

明確最終的目的意識，加上了解顧客的喜好願望無法以數字來量化，同時具有統合的具體機能、能力者即為領導者的好人選。

例如，前文所介紹的民間航空飛機波音777，如果是軍用飛機時又該如何發揮軍事威信，這是非常重要的條件。而要統合此形象的創造性角色，應該是由領導者來擔任。

設計、技術、機能個個層面是專家的工作，而機能集團是由計時器專家、空氣壓力專家等各種專家集合而成的；但是，這機能集團的領導者不能是專家，因為領導者應該是處理無法只以數字來計量的事務，和進行專家所無法解決的問題；所以，領導者是受人尊敬的人，也是擁有多方面知識的人。

筆者經常使用「全能者」這辭彙來與專家對比，「全能者」意味著什麼都知道或能掌握全面性的人。今後，領導者非「全能者」莫屬，因為專家對於大眾所說的話可能有其弊害。

以經濟專家、健康專家、福祉專家等稱謂出現於電視節目上的人非常多，但是，這種演出手法的變數和風險太大。收看電視節目的人，並沒有特別考慮其所擁有的時間中，什麼時候是經濟時間、什麼時候又是健康時間等等。然而，為了哪些人要談談看護問題、健康問題或經濟等問題。

經濟專家只懂得經濟而已，對於視聽者而言，主要是為了知道和自己生活整體相關的經濟問題，但是專家只談經濟理論的話題。

如此般在電視節目中所演出的人，並不一定是專家才可以，應該由統率著專家集團的領導者、受人尊敬的人來演出才適合。由值得尊敬者來看待此困擾的問題，該如何解決才行。

就算是經濟專家出面，經濟狀態不理想、無法活絡其消費傾向等等該如何對應的問題也無法獲得解決，因為經濟專家是依據過去所學到的經驗法則來進行判斷而已，結果只能了解過去的金字塔型組織結構。

其實，在每天的經濟活動中，金字塔組織結構正在崩解，仔細觀察就可以擺脫此金字塔，但是經濟專家並沒觀察透徹。

在現今社會的金字塔結構殘局之中，我們不得不從此金字塔結構中跳脫。

國家型態和公司型態實際上已經開始崩解。

日後，如波音７７７的例子會有所增加，在此個人電腦軟體所統括的機能集團，能使高性能航空飛機開發費降低四成。

如果仍以過去的方式製造飛機，怎麼能和虛擬組織比較呢？絕對會處於失敗的劣勢，因為成本和性能方面都是波音777佔上風，其他類型的航空飛機又如何能銷售一空呢！

先建立四千人的金字塔型組織結構，所耗費的成本必然相當之高；然而，虛擬組織的模式並非單單只是聘雇人員，而是對應能力以支付報酬，所以不會浪費多餘的成本。

虛擬組織只需要某人的部分能力而已；過去的金字塔型聘雇組織結構，則是連整個家族都加以聘雇，如此一來，公司所負擔的成本太大。

虛擬組織中的被聘雇人可以自己的能力分別賣給各地方。同一個人也可以某組織提供某能力多少資金，而另一公司提供另一能力多少資金。同時，又不會被時間所束縛，所以可同時參與噴射機的開發、擔任經營顧問或成為作曲家等等，都有其可能性。

從早上九點到下午五點都坐在辦公桌前，等待領薪水的時代已經結束了。

「一手算盤一手經」的生活模式

讀取情報的內在玄機，也可以認識訊息傳達的變化。然後來加速讀取速度。

如前文所述，世界的變化腳步非常之快，獲得情報之後最好能馬上當場加以運用；

所以，情報從其新鮮度，只是聽聽別人的說法或看看書本，而迅速地加以判斷才不會錯失良機。

掌握了情報之後，當場進行判斷，馬上採取行動，才不會錯失良機。

這個時代正處於非常快速的演變過程中，今日可以獲利一百萬日圓的消息，隔日會害人損失一百萬日圓，這種現象經常發生。

現在有價值的情報資訊只能現在利用，到了隔日則會變成毒藥，我們得明確地掌握這種概念。

日本人非常喜歡思考，但是，這一點對於金融經濟文化卻會產生負面效果，它會迷失在思考、煩惱、苦思一整晚的文化之中，這對於資本主義系統和生存法則而言有巨大的負面效果。

當然，筆者並非主張將這一切放棄，因為這對於日本文化非常重要。對任何事都加以思考、考慮他人的立場、尊重與和諧的文化也相當重要。

筆者經常使用「一手算盤一手經」的諺語，並認為這才是最重要的。

手持算盤精確而快速地計算，得到結果之後馬上行動。而後，回到家中完全將算盤擱在一邊，進行一杯晚酌之後，完全恢復單純的人。忘記算盤、重視人和、關心家族和援助困擾的人……。

應該好好重視這種平衡的感覺，這是日本人的最佳武器。

情報資訊只可以使用一次

算盤的世界速度相當快，其生命在和速度賽跑。不論是何種情報資訊，都使用一次過後馬上丟掉。使用過一次的情報資訊，不可以再使用第二次。

前文曾經討論過空襲南斯拉夫的事例，現在我們再以此例來進行說明。

在此事件之前的美國是採取綏靖政策，採取綏靖政策的絕對性理由，在於將世界中所有資金集中於美國。

即使世界上沒有戰爭，但是仍會有打架或爭吵事件，如此一來資金則無法集中。促進和平以集中泡沫經濟產業等金融經濟的世界資金，集中之後，再將此資金投資於實體經濟，以製造軍事武器。

閱讀到這裡，當我們看見「北大西洋軍隊空襲南斯拉夫」時，則必須賣掉所有的股票，以買進軍事產業相關股票，必須採取此行動才行。

政策的改變造成金錢遊戲的時代結束，已經轉變為製造武器的時代。

日本防衛協力方針法案就是以法律保證購買美國的武器，明文規定日本一定會向美國購買軍事武器。

如果只是口頭約定，則不知道何時會採取行動；美國雖知有此買賣保證，但是希望有進一步的證據。然後以法律來加以保證，則日本一定只會向美國來購買軍事武器。

美國因為日本以法律保證支付資金購買武器，所以想盡辦法銷售更多的武器，也就是在環境中製造更多的威脅，才會銷售得更多。

閱讀至此，讀者應該了解，應該更加迅速地買進美國軍需產業股和日本防衛產業股。當然，和你同時間閱讀的人相當多，所以及早購買才是。

搶先購買的人，會發現隨後有人相當積極地購買美國軍需產業股和日本防衛產業股，則股票價值會上漲。等到充分的上漲之後，再加以賣出即可。

金融經濟世界就是競爭如此激烈的世界，而以速度來決定勝負，所以使用過一次的情報千萬不可以再使用第二次。

使用過一次的情報資訊無法再次使用，因為隨著時間流逝，情報資訊的內在玄機會被更多人發現。等到很多人都發現而依據情報行動時，相關股票價值會上揚。然而，如果在更高價股值或最後才購買的時候，就像是取得jorker（鬼牌）一般。

內在玄機遲早會被明確化，雖然美國口口聲聲說希望世界和平，但是遲早會發生戰爭。當戰爭真正開始的時候，任何人都會購買美國軍需產業股票和日本防衛產業股票等相關股票。

不久之後，日本的證券公司和專業雜誌都會大幅報導，美國軍需產業股和日本防衛產業股等相關股票才是今後的熱門股票。但是，其實應該在空襲南斯拉夫或誤炸中國大使館就應該購買才是。

但是，大多數的人都聽到傳播媒體或證券公司所放出的風聲，才突然發現事件的真相。等到戰爭真正爆發的時候，很多人才開始爭相搶日本的防衛產業相關股票。

在這種情況之下，股價開始急速上揚。而當大家開始喧譁說一定買此類股票的時候，已經是必須全部拋售的時機了。

當然，也有人會大量地購買軍需產業相關股票，這雖然只是極為少數的人，股票價值還是會稍微上漲。但是，今後會馬上陸陸續續地出現通過防衛預算、在內閣會議中決議購買何種武器，或是想參加哪些防衛機構等話題。

使用過一次的情報資訊就可以捨棄，但是股價上漲時必須全部拋售。由於如此，我們可以將專業雜誌中提及的買進良機，以此為新的情報資訊，相反地解釋為賣出的好時機。

開始拋售的時候，必須分秒必爭地提早賣出，因為晚了二、三秒之後，相同想法的人也會逐一地加以拋售，越晚則股價降到更低。

在情報資訊進步快速的時代中，能讀取情報的內在玄機，並且能夠迅速地加以判斷，才是商業世界中勝敗的關鍵所在。

第三章

依據股票和匯率來增加利益

如果不和經濟產生互動，無法得知經濟的動態

前文已經反覆說明了好幾次，經濟世界分為金融經濟和實體經濟兩類；而所謂的金融經濟是以一種衍生經濟存在，而實體經濟才是伴隨著生產的主要經濟模式。

但是，原本屬於衍生經濟的金融經濟，卻膨脹為實體經濟的三十五倍規模，其規模比例結果造成金融經濟反過來影響到主要的實體經濟，並且呈現了有如支配者一般的傾向。

資本主義是以數字為主的邏輯活動，在資本主義社會中數字就是力量，所以無法避免強化金融經濟的支配力量。

因此，運用金錢來獲得利益時，應該充分了解、並加強自己和金融經濟的互動。對於實體經濟的工作社會而言，經營公司或在團體中工作都是屬於實體經濟的範疇；由此看來，兩者之間也有所互動關係。

關於金融經濟誇大為實體經濟的三十五倍規模，可見兩者間的互動關係。互動的要素有好幾種。

一、匯率。這是自己國家的貨幣和其他國家的貨幣相互比較，是自己國家的經濟

力和其他國家的經濟力關係的重要指標。因此，讓自己和匯率互動是相當重要的事情。

二、股票。這是實體經濟的量尺，所以，我們更必須與股票保持互動關係。

三、商品期貨。如：預期大豆或玉米的價格將來會上漲或下跌，而在期貨市場中進行交易。所以我們必須了解各種金融商品之中，哪一項和經濟的互動關係最為密切。

最重要的事情是與匯率互動，以及和實體經濟的量尺股票進行互動。

關於實體經濟，各位可能都認為既然大家都有商業行為則一定有所互動，然而筆者所主張的是和實體經濟整體的互動。

事實上，從事工作的上班族都在其領域中和實體經濟產生互動，例如：服務於汽車廠商的職員，因為置身於公司之中，所以和汽車產業有互動關係。

但是，就一般情況而言，例如，汽車產業與漁業、農業等其他產業則較沒有互動關係。然而，這些產業中又以汽車產業的視野較大，但是基本上除了自身專業或所擔任的領域之外，其互動關係並不密切。

前文曾經提及，專家是不行的，這意味著專家並無法與整體經濟產生互動。

和股票互動則可以和國家的經濟互動，但是僅止於此則不充分。必須在和自己國家的經濟產生互動之後，了解自己國家的經濟和其他國家經濟的互動關係，這就得依靠和匯率的互動。

依據自己和自己國家的經濟產生互動，並且了解自己國家的經濟和其他國家經濟的互動關係，才能使自己和世界經濟產生互動關係。

對於股票和匯率兩者都加以互動，則自己就可以和經濟互動。

貨幣已經成為商品價值

過去和匯率進行互動的代表是黃金。但是，一九七四年的時候已經正式廢除了金本位制。

一九七一年，美國總統尼克森正式宣布停止黃金和美元的兌換，轉而實行所謂的貨幣本位制，這是尼克森震撼。

後來，舉辦了國際會議，正式決定以美元為國際貨幣，而不再和黃金互動，也不再以黃金作為保證，也就是廢除了金本位制。

此事件發生後，仍然有些國家維持所謂的金本位制。但是，這些國家逐漸減少，最後殘存的瑞士於一九九九年也廢除了金本位制。因此，全世界已經由金本位制轉變成貨幣本位制。

瑞士為什麼最後還維持金本位制呢?其理由在於，瑞士是全世界黃金持有量最高的國家，名義雖然都是外國人的；但是，實際狀況是瑞士銀行的金庫中貯存了大量的黃金。

以前，如果發生戰爭而貨幣價值不安定的時候，就購買黃金來保值。而黃金和貨幣之間就存在了互動關係。

但是，由於瑞士也廢除了金本位制，所以金本位制完全變成神話，黃金和貨幣之間就完全不存在互動關係了。

如果現代社會陷入通貨膨脹的經濟處境時，黃金價值會上揚的原因在於還有些人相信金本位制的神話。但是，自從瑞士廢除金本位制之後，則黃金的價值會不斷地下跌。

黃金對我來說，已經如同金屬一般；和其他的金屬相同，只能擁有其商品價值而已。

這意味著，黃金今後的價值會被集約到平均一盎司五十美元的製造成本。

由於如此，黃金無法和貨幣進行互動，當然也不可能成為投機對象；因此，黃金完全喪失了和經濟互動的基本能力。

土地被評價為資源而非資產

另一方面，在日本被深信不疑的神話，就是土地神話。

土地成為投機的對象，如同金融經濟的商品一般，泡沫經濟時期，很多人轉而進行土地的投機。但是，泡沫經濟崩潰之後，土地的遭遇就和黃金相同，價值下跌。這也意味著土地和貨幣、土地和經濟已經無法互動。

過去，日本對於土地是採行土地本位制；但是，金本位制崩潰之後，土地的遭遇就和黃金相同，土地本位制也消失無蹤。

土地已經不是資產。但是，依據現代的簿記、會計體系的紀錄，土地是一種資產。一般公司的資產表中，大多包含了土地。

在稅務會計方面，土地的確是資產。但是，這概念基本上就是錯誤。對於資產而言，擁有者必須擁有自由裁量權。簡單地說，自由裁量權就是擁有者可以隨時依據自己的喜好來進行處理；所以，擁有自由裁量權就是意味著此物品為自己所有。

除此之外，自由裁量權還意味著擁有移動、拆毀或改變型態的自由。

以這種觀點來看，土地誠如不動產一般，不可加以移動。所以，以最原本擁有的觀念看來，土地不可以成為資產。

真正的擁有是擁有百分之百的自由裁量權，所以，不能依據喜好而變更的土地就不能擁有自由裁量權。

那麼，到底土地是什麼呢？

土地並非資產而是資源，和天神所賜予的東西如鋼和鐵都相同。資源是依靠使用方法來決定價值，而非一開始就有價值。

火車站前的土地價格高昂，並非以資源觀點來思考，而是以資產觀點來思考。

資源的價值是依據其利用價值來決定，例如：稱為鐵礦石的資源價值，是依據溶解成為何種鐵來決定，資源是依據其使用方法來決定其價值。

也許會有人加以辯駁，學校教育向來教育我們的觀念是，土地是一種資產，因此不動產也是資產；但是，並非在學校中學習，經濟才會有所變化；而是經濟本身就有所變動，在學校教導之。

實際上，土地已經開始變動成為資源了。當資本的基本原理「資本的意志」開始運作時，因此土地變得更加便宜。

東京銀座等黃金地段的土地價格開始大幅降低，但是，也有人以相當高的價格來加以買賣交易。這表示，也有土地依其使用方法來決定價格。

例如：一般而言，沒有人會去購買山上的土地，即使非常廉價每坪一百日圓也無人購買的土地。但是，有人在此山中開設了一家麵店，因為景觀優美、涼風徐徐，而富士山清晰可見，因此命名為富士山麵。

開店之後天天客滿，連三個月後都被預約，以每一坪可獲得的利益來算，則每坪超過一百萬日圓。

那麼，假定要頂讓這店面，則可以每坪一百萬日圓賣出。這就是資源的價值，因為開設了店面，所以開發了資源。

但是，以資產的觀點來看，因為在山上所以每坪土地只有一百日圓的價值；但是，如果是以資源的觀點來看，則每坪土地有一百萬日圓的價值。

「股票、匯率」本位制的時代已經開始

日本是世界首屈一指的土地本位制國家，但是時代已經改變了。由於如此，財富在日本興起了相當龐大的變動。

其中一個現象是，曾經價值十億日圓的土地已經降低為一億日圓，呈現貶值狀態。這也意味著經濟恢復為本來的型態。

過去，日本的一切都是鎖國性的、觀念性的。車站前方的土地價值一定高昂，即使背離資本主義也行得通。其實就離開火車站多遠的距離要加減多少價值來看，銀座黃金地段的價值多少和土地資源價值多少完全無關。

土地是一種資源，與鐵礦石等等都相同。不論其位置在於銀座、新宿或池袋哪一地點，鐵礦石還是鐵礦石、土地就是土地而已。

利用法律來規定路線的土地價值是完全違背資本主義的行為；但是，若與資本主義的觀點背道而馳。利用法律來規定路線的土地價值，可以說是日本的資本主義危機。

所謂路線價格，只是在稅務上方便徵收稅金的制度系統而已，但是沒有人會順從這種價格。買賣土地時，只因為法律規定路線的土地價值為每坪一萬日圓，而完完全全以每坪一萬日圓來加以買賣的情形並不可能發生，但資本主義社會本來就是如此。

因此，土地並非資產，已經被視為資源。但是，這個意識尚未普及化。

由於土地已經成為資源，所以本來曾經價值十億日圓的土地已經降低為一億日圓，或是本來相當廉價的土地一下子變成好幾億日圓。

過去，可以依靠土地和經濟產生互動關係，隨著土地開發而經濟逐漸發展。經濟和土地一起成長，土地價值也會上漲；由於如此，土地成為經濟發展的要素之一。

但是，土地本位制的時代已經完全結束了。

現在，可以和經濟產生互動關係的，只剩股票了。日後，經濟方面就只剩下「股票本位制」了。

現在，股票本位制的時代已經開始。在現今資本主義尚未改變之下，股票本位制可能會永遠持續下去。然而，我們同時需要以匯率來和世界經濟產生互動，所以又可以稱為「股票、匯率本位制」。

因為必須依靠和股票、匯率兩者，自己才可以和自國經濟與世界經濟產生互動；如果沒有投資於股票、匯率，就如同鎖國的一般狀態。

而獲得成功的兩大機會，就是股票、匯率兩者。

股票價值會依據海外資金的流入量而產生變化

實際上進行投資時，必須先行了解什麼要素使得股票市場變動不已。

先了解對於股票市場具有影響力、支配力、操縱股票市場的因素是什麼，如此一來，就會知道股票市場的動向是什麼。

在這個世界上，有各種種類的產業，如有鋼鐵、漁業、住宅、產銷、運輸、汽車等等各式各樣的業種。

那些不盡相同的業種股票價值，會和世界各種不同事件產生互動；如果爆發了某一事件，則對於某一業種有利，但對於令一業種會呈現利空狀態。

因此，我們必須先行了解對於業種有影響力的要素到底是什麼。

在資本主義世界之中，數字才具有力量；數字大者對於數字小者有影響力，金融經濟規模是實體經濟的三十五倍，所以力量也是三十五倍，可見金融經濟對於實體經濟的影響力非常大。所以，在金融經濟的投機世界中，資金量具有極大的影響力。

因此，資金量才是最大力量。

而海外對於日本的股票市場投入多少資金呢?或者，有多少資金由日本流出呢?這些是決定日本股價的上揚與否的重要因素。

就海外對於日本的股票市場投入投機資金的情況而言，我們可以依據所流入的資金，來觀察出哪一種業種流入的資金最多。

得確定對於哪些業種股票投入資金或是其順序為何，並且對於某一業種股票投入一定資金之後，第二階段必須了解其他可以投機的業種股票。

本來投機資金就是為了要獲取利益，因此對於漲最快、資金流入最快的業種股票進行投資，這就是擁有最多的利多消息進行投機的方法。

由利多消息最多的公司股票開始購買，最後再考慮有利空消息的公司股票。

換言之，一開始就先買進積優股，而行情不佳的公司股票就最後再購買。

但是，同時必須注意的是，行情不佳的公司股票價值可能會上漲。

投機資金流入日本市場的時候，即使是行情不佳的公司股票也會上漲，知道這一事實是極為重要的。

不了解股票下跌的重要因素就會失敗

前文我們已經提過資金外流的重要因素。但是，有時會出現完全相反的局面，投機資金會流入日本，而實際情況如何呢?

首先，投機資金流入日本，因為其結果會獲得龐大的利潤；因為為了確保利益，所以必須加以結匯（清帳），因此資金會不斷地流入。

同時，雖然日本的股票價值的確是上漲的。但是，以匯率的日圓基礎來看待上漲的股票價值，則因日圓匯率下跌的關係，所以無法得到預期的利益，這就是因匯率關係而造成不利的現象。

的確，在日本國內是獲得利益。但是，一旦資金移轉到其他國家如美國，股票價值同樣上漲，但是日本的股價上漲開始停滯，而美國的股價卻遠遠超過日本的股價；如此一來，美國方面的股價比較得利，所以資金會轉移至美國。

無論如何，投機資金在此時機之中，會以最快的效率速度轉移；為了追求更高的利益，在有限的時間中往更多利益的地方轉移。

依據此基本原則，資金會不斷地流動。

考慮到日本的金融市場中運作時，必須先經常留意有多少資金流入日本，又有多少資金流出日本。

可見，資金在國際間流動的因素相當多。

首先，最大的要素是匯率。

日圓大幅貶值會造成資金的外流。匯率一邊高、一邊低時，資金會往高的匯率移動。所以，仔細地觀察匯率的動向，就可以知道資金的流向。

接下來，必須了解企業的實際業績，例如：美國的企業實際業績非常好，而日本的企業業績非常差的情形之下，資金當然會從日本轉移至美國。

情況如果相反，則資金一定會從美國轉移至日本。

當然，金融政策也相當重要。如果利率上漲，以利率為目的的資金會自動前往。國際之間的利率一旦有所差距，資金則往高利率處轉移。然而就客觀性地觀察，這恐怕是源於自己的決定，例如：日本的超低率政策是日本資金外流的重要因素之一。

另外，各層面的安定性也是非常重要的因素。不管多麼短的時間之內都有可能有利潤存在；將資金匯送過去的瞬間，可能公司已經倒閉而血本無歸。例如：蘇聯自身國體的瓦解，即使有獲取利益的機會，資金也會有所轉移。

有時候，因為通貨膨脹的關係，一百萬日圓一口氣變成一億日圓，但是以此一億日圓卻可能購買不到以前一百萬日圓可以買賣的物品；其實此一億日圓在實質上只有之前的八十萬日圓的價值。因此，也得正確地把握各國的通貨膨脹度。

擁有這些資訊，可以判斷出資金是否流入日本或流出日本，進而判斷日本的股票價值會上漲或下跌。

當然，我們可以由電視新聞媒體中充分了解這些資訊；如果上漲，則哪一部份會上漲……；如果下跌，那一部份會下跌……。

這是需要經常考慮的問題。

「外國人」的動向決定了東京市場的股市行情

操縱市場脈動的因素當然是投入市場的資金，投資者經常期望資金價值成長，所以競相向各目標的公司寄託資金。

如第一章所述的，東京股票市場的時價總額為四百兆日圓弱。

那麼，究竟投入龐大的資金買賣公司股票的人是誰？

同時，必須先認識東京市場是國際市場，所以我們兼顧紐約市場，使資金在兩方面移動，以及資金市場中不僅擁有不被稱為「外國人」的日本資金，另外還有外國資金的參與。

這種外國資金之中，美國資金壓倒性地多，美國資本同時處於國內市場和日本東京市場，所以現代資本的國籍之分多元。

一邊觀察日圓和美元的動向，並且觀察哪一方面有利，有效率的反覆操動。

一九九八年十一月左右，經濟日報刊載了「東京證券的外國人高達百分之四十五」，這是屬於外資系統證券公司擴大的新聞；但是，經由日本的證券公司來進行交易的外國人也相當多，因此實際上外國人的市場佔有率應該超過此數字。

這一市場佔有率具有相當壓倒性的意義，所以不容置疑的事實是「外國人」的動向絕對會進一步左右市場的脈動。為什麼以美國為中心的外資市場佔有率會如此大呢？這以紐約的市場規模就可以看見。

與東京市場的時價總額四百兆日圓相比較，紐約市場的時價總額高達四千兆日圓（一美元換算一百二十日圓）；可見，紐約市場的規模可說是東京市場規模的十倍。日本的ＧＤＰ（國民總生產額）約五百兆日圓，美國的（國民總生產額約九百五十兆日圓，因此美國的經濟規模實際上是日本的兩倍而已。話雖如此，美國股票市場的時價總額實際上有十倍之多，由此可見，美國金融經濟的規模之大。

美國的投資者如果將其擁有的一成股票投資到東京市場，則意味著東京市場中進駐了和時價總額相同的投資金額。因此，我們必須了解東京市場會隨著國外所流入的資本而變動的具體事實，股價乃依據外來資金來決定上漲或下跌。

依據美國動向可以了解日本的股票行情

原則上，日本的股票價值上漲是因為所流入的資金超過了前一天的時價總額；相反地，如果市場的資金外流則股價會下跌。

資金出入的主導權掌握於外資，所以日本股價的上漲或下跌也由外資來決定。

外資增加時，購買日本股票的比例也會增加，所以日經平均指數也會上漲；相反地，外資減少時，日經平均指數則會下跌。所以，由於外資的進入，幾近於崩盤的公司股票會上漲；外資撤出時，則連史上最高業績的公司股票也會下跌。

所以參加股票市場的投資者，都必須注意市場主導權的重要性，而業績的好壞、國內的政策的重要性都居於次位。

我經常以這種態度來加以分析，幸好我的猜測到目前為止，百分之百都正確，沒有任何差錯，因此這個看法應該是正確無誤的。

美國是世界上實體經濟規模最大的國家，其金融經濟的資金供給有最大的可能性。同時，在其必須擴大內需的情況之下，也具有最大市場資金吸收量的兩面性。

我們必須充分了解的是，美國的一些問題。

一九九五年到一九九八年十月的這一段時間內，美國並非依靠製造業，其以金融、情報等不會創造出財富的產業為中心，進而吸收世界中的資金。依據這種泡沫產業來吸收無限大的世界資金。

因此，在日本的股票市場中，即使業績良好的公司股票也會不斷地下跌，而依靠帳外利益的日本銀行、建築業、不動產業會相繼倒閉，這些都是理所當然的經濟現象。

我們可以由此來了解美國和日本的關係，也可以大局面的世界資金與信用的流向來進一步地解讀日本股票市場的動向。

從一九九六年到一九九八年左右，筆者一直推薦以銀行股為中心將股票賣出，並提出建議「在你的字典中消除掉『買』這個字。」

日本和世界各國都必須依靠美國來購買商品才能得以生存。

一面牢記日本得依靠美國的消費才能維持三餐，一面還考慮世界資金會流向何處，如此一來，才能達到最小的犧牲程度而集約資金。以此想法來進行觀察日本資金的流出與流入，可以了解翌日被美國所主導的股票行情會如何開展。

使資金大量增加的原始投資

股票投資的對象當然是上市企業股票而已。

對於今後可以鴻圖大展的公司進行投資，就會有大的報償；但是，在不知能否成功之時就進行投資的話，非常危險。

這也就是企業的原始投資（Seed Investment）的基本方法。

日本未公開股票市場並未發達，因此仍未普及化，但這在美國已經是常識之一。

最近，舊金山ＭＧＩ（Merchants Group International）公司在原始投資（seed 意指種子和原始，investment意指企業家的投資）方面已經擁有三十年以上的歷史，其擁有專業的原始投資銀行。我們以介紹日本投資家為例，來加以探討。

ＭＧＩ的經營陣容中，具有許多一流銀行和一流證券公司的前經營者，長年以來他們培育了投機企業，具有使其上市的經驗。

本來在袋子中只有五百元美金的學生比爾蓋茲，在數年前搖身一變，成了年所得一兆日圓的大實業家，而ＭＧＩ公司則是將企業如同企業家一般，從頭開始加以栽培使其成長。實際上，ＭＧＩ的投資方式如下：

一九九七年時，對於某家生產技術的電腦公司投資三十萬美元，並獲得其百分之十的股份。其後，此公司發展到股價總額為八千萬美元的時候，此公司決定於二〇〇〇年上市ＮＡＳＤＡＱ（全美證券協會的註冊場外股票行情自動通報系統），因為預測當時的時價總額約為一億美元以上。

聽說，現在未上市股票市場的銷售價格是九千萬美元，由於ＭＧＩ公司擁有百分之十的股份，因此其所持有股票也具有九百萬美元的價值；短短兩年之間，三十萬美元搖身一變擁有三十倍的價值。

並非所有的原始投資都有這種好結果，但這種情況也並不希罕。因為筆者還知道在四、五年短短的時間內，投資額增加到兩千至三千倍的例子就有好幾個呢。

一三九頁的表1是MGI公司在日本以股票進行七百五十萬美元的募集資金，其將運用此資金於一九九九年到二〇〇四年間針對七家企業（加州機械、奈迪克、卡歐斯•杜爾斯、比特克姆、潔瓦、潘卡特生產技術和A—55）進行分散投資的計劃。

其每隔三個月支付百分之二．四（年利率百分之十）的保證分紅，預定於二〇〇〇年分紅百分之三十，預定至二〇〇一年分紅百分之一百六十，預定至二〇〇二年分紅百分之三百，預定至二〇〇三年分紅百分之四百。

並預定至二〇〇四年，有三家以上會上市NASDAQ；其募集之際，本來一股一美元的股票，平均每家的首日行情就已經高達三十美元，這意味著五年後的投資總額會超過一百倍。

對於一萬美元的原始投資額而言，第一年有一千美元的保證分紅，第二年有三千美元，第三年有一萬六千美元，第四年有三萬美元，第五年有四萬美元；其五年之間的保

表 1　美國原始投資的計劃

Merchants Group International Holdings, LLC

Pro Forma Statement of Operations 1999-2004

	1999	2000	2001	2002	2003
Revenues					
Merchant banking	904,382	1,792,626	2,482,542	5,498,082	11,867,742
Asset management	696,458	1,582,442	4,050,842	4,776,842	4,182,842
Investment gains	(6,567)	(17,292)	6,326,958	13,974,708	15,845,808
Expenses	110,000	140,000	170,000	170,000	170,000
Operating income	1,484,273	3,217,776	12,690,342	24,079,632	31,726,392
Investor monthly income	750,000	750,000	750,000	750,000	750,000
Net Profit	734,273	2,467,776	11,940,342	23,329,632	30,976,392
Investors	1,117,136	1,983,,888	4,720,171	12,414,816	16,238,616
Merchants Group	367,136	1,233,888	5,970,171	11,664,816	15,488,196

Cumulative potential return to investors over : 3 years : $ 11,321,196

5 years : $ 39,974,208

MERCHANTS GROUP INTERNATIONAL

證分紅八萬美元，是原本投資額的八倍，如果股票一上市則會有一百倍以上的身價。

筆者於一九九九年六月，曾經考察上述七家公司中的奈迪克和卡歐斯•杜爾斯二家公司。

一九九九年三月，奈迪克的員工在可容納十個人的狹小辦公室中忙碌不已，現在已經轉移到附近的工業地區，並成為有七十五位成員的公司。聽說，其預定在全美的都市中設立飛機駕駛員服務中心，令人感覺到投資資金正在進行猛烈的增值。

一四一頁的圖2是以Double Click公司為實例，這家公司也是MGI投資成功的例子。十先令在五年後會變成三十四美元，增加了三百四十倍。同時，其五年之間有相當穩定的分紅是令人無法忘懷的。

在這世界中，創造是非常重要的；然而，對於可以創造出最大利益的保證就是原始投資。

投資效果上升則疾病可以自然痊癒？

約十年前，我到洛杉磯參加了所謂的NETWORK公司的投資說明會，其推薦經銷化妝品、家庭用品、清潔劑等商品，總公司設於亞歷桑那州，常常舉辦購買公司股票的說

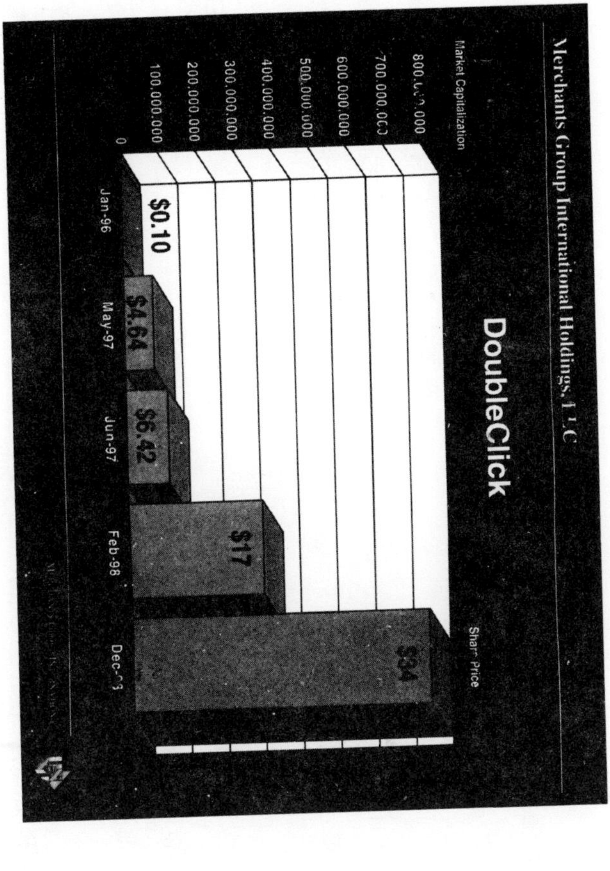

圖 2 五年間可獲得 350 倍投資效果的未上市企業

明會。

其已經設立了公司，也完成了銷售體制，因此這公司想擴大世界的販售網路，所以需要增資。因此，特別舉辦了使人認購股票以募集資金的說明會。

前來參加的人非常多，在我的鄰座有位七十歲左右的老婦人，她就坐在女兒所推動的輪椅之上，可見身體欠安，但是她非常熱衷於提出問題，好像興趣盎然的樣子。

一戶只要一萬美元就可以購買，所以當時有相當多人提出申請，致使說明會舉辦得相當成功；這位老婦人也在購買人行列中。

這公司是以三個月結算一次，而每三個月進行一次決算報告，所以每三個月再舉行一次說明會。其保證股份年利率是百分之十，而每三個月增加百分之二．五的利息；當然如果成績更佳時，所分的紅利也愈多。

同時，這是網路事業，如果股東們協助販售公司的商品，積極地介紹他人參加，如此一來夥伴有所增加外，投資也會提升公司業績，而股東們會更加賣命地去進行。所以，其營業紅利相當多。

也就是說，其可以獲得的利益有三種。

百分之十的保證分紅，公司業績良好就可以提高保證分紅，如此一來可以促使業績提升；另外，推銷商品可以獲得營業利潤，如果沒有興趣者也可以不進行推銷。

筆者參加每三個月的說明會時，偶爾會遇到這位老婦人，所以與之親近。剛開始時，老婦人坐在輪椅之上，看起來沒有活力；股票分紅一開始就增加了百分之一，後來連續四次都增加其紅利，她的元氣恢復，也慢慢地顯露出她的活力。分紅的金額不斷地增加。這位老婦人同時也進行銷售工作，所以她除了銷售佣金之外，每介紹一人就有相當豐厚的介紹費；如此一來，這位老婦人成為投資群中的最高所得群。

她元氣愈來愈恢復，最後竟然可以不坐輪椅而單獨一人前來參加每回的說明會。讓我不禁覺得，金錢的力量真是太偉大了。

生活和經濟互動，則人生會有所轉變

我們暫且將此能否治療疾病的話題擱在一旁，在美國這種投資說明會非常多。這類公司多半是股票未上市的公司，對這種公司進行投資，約三年到五年，大部分的公司股票會上市到NASDAQ，所以大部分的投資者都以此為樂趣。

今後，在成立公司的前期階段之中，多半以一股一先令為出發點。以電腦網路事業的公司來看，大部分都是中途增資到一股五美元左右，但是其增資一次則股價上漲了十美元，股票價值成為每股二十美元。所以，愈早參加投資的人，投資金額在三、四年之間大約可以增加幾十倍或幾百倍。

這種例子對於美國人而言，可以說是家常便飯。

以先前的老婦人為例，在美國一般人會自然而然地參加股票投資。所以，今後在國內不論喜歡或討厭，都必然會如此。

依據這個例子來看，商品可以透過網路來推銷、美國的景氣如何，以及其他產業的情況，都可以透過學習來獲得經驗。

體弱多病的老婦人非常認真地學習，如：政變對於產業的影響、與藥品或健康食品相關的製造法律條文、對藥品規制的取消等等，與自己工作相關的一切都拚命學習。

老婦人對於報紙的內容都一五一十地詳細閱讀，但是，如果不熱衷於此投資事業，恐怕不會如此熱衷地閱讀。其眼睛炯炯有神地說，沒有心情再乘坐著輪椅，所以要自己挺立起來。

起初，她抱持著懷疑的態度，不斷地提出消極性的問題，如：公司會不會倒閉？倒閉的原因為何？拚命地質問負面性的問題，甚至使說明者陷入極為困擾的局面。

那位抱持懷疑的老婦人，加入以來元氣、活力不斷地增加；她為了回饋公司，每次在外舉辦宣傳說明會或婦女會時，都會帶來好幾百張的自製宣傳單來進行推薦，介紹他人加入。

如此般，以一些動機使自己的生活和經濟互動起來，並且掌握這動機，說不定你也會和那位老婦人一樣，人生有大的轉變。

日本的未上市股票市場時代來臨了

在日本，股票未上市的公司稱為投機企業；而今後，我們應該將對於投機企業的投資放在更宏觀的視野之中。

方才介紹了原始投資的例子。對於原始投資企業進行投資，在美國相當盛行。因此，美國的未上市股票市場非常成功。

在公司的發展過程之中，會計事務所會站在中立立場仔細地分析，公司資產有多少、股票每一股可以獲得多少利益等等；這種分析具有保證效果，依據這種分析會使得未上市股票市場被加以評估。

一般的投資家是依據情報來判斷公司的遠景，而這種情報可以由網際網路來獲得。

假如某家公司的股票價值為每股七美元，網際網路上會顯示，某人登錄以每股六美元購買兩萬股，也有人登錄以每股五美元購買，也有人登錄以每股三美元購買。

之前以每股一美元購買的人，依據此資訊會將自己的股票銷售給希望每股以六美元購買的人，如此般買賣就可以成立。

實際上，登錄買賣和一般的股票買賣相比，獲利不多，因此要耗費長久的時間；但是，如果買賣還算合理，則買賣成交。

因此，這個市場並非像一般的股市可以馬上賣出，當然有時也可以隨即售出；一般而言，這是比較悠哉的場合。

想持有股票五、六年的人不會登錄販售，如果加倍就賣出或一萬股中想頂讓五千股的人則會登錄，有各種想法的存在。大家都是期待此股票上市而投資的；但是，可以選擇短期間就賣出，或是等股票上市價值上漲了好幾倍再賣出。

當然，紮實的投機企業會集中很多投資家。到底紮實的企業是以怎樣的標準來進行判斷呢？其實，一開始就要擁有明確的目標。

其實，到什麼時候會擁有一定的市場佔有率，有一強力商品或服務項目，或是幾年後會上市於ＮＡＳＤＡＱ等等非常明確的展望，這是企業應該具備的。

在日本常常有二、三個人集中在一起成立公司，這種集資創辦的公司並不受到投資者的青睞。

因為，在美國有未上市股票市場，所以大眾可以自由又簡單地買進未上市股票；換句話說，美國已經形成各種投機企業集中資金的制度。

在日本還沒有如此般的未上市股票市場。東京市長石原慎太郎答應在東京設立未上市股票市場，其提出的意見實在是令人讚揚；其實，在日本有人評估日本的景氣恢復的關鍵在於投機企業的育成工作，但是至今仍然沒有什麼政策。

如果設立了如美國一般的未上市股票市場，除了可以對於新購買人、新企業招募資金外，並且可以積極地培育投機企業。

探討日本也設立NASDAQ的意義

現在，以孫正義先生為中心的軟體銀行，計劃成立成熟的日本法人NASDAQ。

依據孫正義先生的網路時代哲學為基礎，使所有相關的軟體產業都加入旗下而愈來愈成長的公司是軟體銀行；因為，其對於日後的網際網路企業之遠景相當看好，所以積極地成立和網際網路相關的子公司，而且將其公司股票以公開化的方法加以擴大。

孫先生所率領的企業集團是由母公司、持股公司所形成。而此軟體銀行的帳外資產即股票。聽說，現在已經有一百多家以上的子公司，計劃將這些子公司的股票逐一地上市。由於被視為遠景看好，其價值遠景又比上市股票還看好，所以帳外利益有逐漸增加的趨勢。

這一類的公司佔大多數，其帳外利益增加、母公司的股票會上漲。既然有帳外利益，就可以衍生出信用；依據所衍生出的信用再建立公司，這種公司才容易獲得成功。以筆者的觀點看來，也有令人擔心的部分。因為建立股票價值的方法稍微過度熱衷。以股票價值而言，每一股股價必須觀察其平均利益、實際所獲得的利益。但是，現在軟體銀行相關企業的高價值股票大多是帳外利益。

實體經濟並沒有顧慮到可以獲得多少利益，而股票因人氣旺而上漲時，會產生帳外利益，此帳外利益又衍生出帳外利益，如此地逐漸膨脹。

若以實體經濟的利益來進行判斷，則股票價值不可能像現在般如此昂貴。

軟體銀行想在日本成立NASDAQ，但不禁令人質疑其實際上的執行效果。

起先，問題為軟體銀行沒有打算獲得財務部的認可，因為以今日的證券交易法來看是不可能認可的。

同時，依據其計劃想讓日本的證券公司參與，並且設立監督成立ＮＡＳＤＡＱ的證券業者工會；就目前的狀況看來，包括野村證券等日本證券公司，並無任何一家有參與的意願。

因為邀請了美國的ＮＡＳＤＡＱ會長到日本舉辦記者招待會，所以大家都以為此想法必然可以實現。但是，事情並非如此簡單。

其實，並不需要向美國借用ＮＡＳＤＡＱ的名稱，由日本的證券公司成立工會，以日本的投機企業為對象，建立上市的制度就可以了。

不論是否成立了ＮＡＳＤＡＱ，其實只要到任何證券公司都可以買到股票。

前往證券公司就可以一目了然地知道ＮＡＳＤＡＱ所上市的股票公司，其價值也清楚地被加以顯示；因此，就算日本中沒有ＮＡＳＤＡＱ也無所謂，因為只要到證券公司買賣ＮＡＳＤＡＱ上市的股票即可。

應該在日本設立未上市股票市場來培育投機企業

日本今後也必須準備成立和美國一樣的未公開股票市場才行。

進行投機企業的說明會，如果現在還沒有未公開股票市場，就應該趕快成立。

由其中一家證券公司擔任管理公司，並設置中小企業，以新企業的股票招募資金。如此般，設立管理公司讓持股人翌日可以買賣即可。

管理公司必須每三個月進行一次詳細的調查，並且由公司中的國家會計師每三個月對股東進行一次結算報告，自然而然可以形成市場。

如前文所提出的例子，舉辦正式的說明會，明確地表示對此五年的展望和場外店頭公開股的預定量；然而，到股票公開之前五年期間的股票買賣，則由擔任管理公司的證券公司負責進行，所以想進行買賣的人只要到管理公司登記即可。

最初，股東大約有一百人左右，因此，證券公司對於此一百人的登記報價都必須加以接受，並將其結果公佈出來即可。

如果能開始進行這樣的行動，則某地的證券公司和其他證券公司都必須順應潮流，管理公司會有增加的趨勢。如此一來，再由那幾家證券公司成立工會即可。

這個工會就會成為市場，將股票集中於此，而情報也將在此市場中公開。

那麼，日本自然而然有未公開股票市場在持續擴大中。

第四章

以匯率、股票獲取利益的實戰投資術

讀取現在具有展望的股票與企業

具體而言，處於今後的時代，我們應該購買何種股票較為理想呢？

應該購買符合時代需求的公司股票最為理想。那麼，什麼方法又可以辨認何謂符合時代需求的公司股票？

今後，我們會進入資訊情報化的時代；然而，若將美國和日本相比較，則日本的網際網路普及化比美國還遲。因此，日本的情報產業有急速發展的可能空間，這是不容置疑的事情。

同時，最有希望的是使廠商和消費者直接互動的情報販賣公司。這種公司是利用網際網路來涵蓋販賣系統、服務系統、售後服務系統等等和商品有關的一連串服務，所以這種公司又被稱為連鎖供應企業。

進行商品的介紹、販賣、售後等等服務，有時甚至連廢棄處理也加以包辦，進而廢物利用、資源回收，可以一連串地不斷反覆；如此般地一體性的情報企業，今後會不斷地增加。

傳統的商品供給系統要有製造廠商、批發商、小店面和消費者等等型態，由於如此，一般傳統的銷售種類型態會朝向被取代的傾向。

因此，以販賣新情報為基礎的管理系統會成為供給系統的主流。

對於這種企業進行投資會有其報酬。導致大型家具、大規模書店、高級百貨公司等企業型態難以經營且遠景不樂觀。所以，新的販賣系統形成，則前列企業會隨之瓦解。

現代的美國社會，依靠網際網路來進行家具販賣的比率，佔全部家具業的百分之十五，可見其市場佔有率之大。先前的例子稍微說明了online家具店可說是家具業中全新的販賣系統之代表。

在online家具店的網頁之中又分為一般家庭用和辦公室用，而且可以即刻到達想到的位置。

可以進行價格的商議，約莫兩週之間可以獲得商品，在佈置完成之後會將綑綁的繩子帶回去，並且將地上打掃乾淨。

其費用相當便宜，因此不可能不成長；因為online家具店不需要購買或租賃店面的費用，更不需要特別地廣告宣傳，所以販售的商品價格自然而然會比較便宜。

當然，其缺點是在網際網路的網頁所無法得知的觸感和顏色。所以，可能先到具體的家具店中，看看實際物品，並加以觸摸、詢問和鑑賞。

家具店方面，對於你的質問會非常熱心地加以回答；但是，你（客人）卻可以回應說：「我再考慮看看。」最後卻在 online 家具店中購買。

注意世界潮流和產業結構的變化

進行投資時，必須特別留心與辨別產業的成長可能性。

同時，如同第二章所提及的，情報革命會使金字塔組織型態崩解。其實，今後要在東京圈內的新宿成立大型辦公室的想法會消失。

過去，特地耗費時間和交通費搭乘電車到辦公室，工作人員特地集合在一起將情報集結起來。但是，今後即使在自己的家中，都可以依靠電話或網際網路來相互看見對方的表情，同時更可以利用個人電腦來進行情報資訊的交換。

大部分的工作都可以在家中進行，完全不需要在公司工作。

所以，不需要花費過多的交通費和通勤時間，而且公司只要付出一點點津貼，對公司而言是非常有益的事情。

在非常昂貴的地段建設一棟大型的辦公大樓，要支付諸多經費；然而，採取SOHO方式可以得到相當多的利潤。所以，沒有通勤必要的公司一定有所增加。

因此，巨型的辦公大樓一定會被淘汰。

相反地，在其他環境如森林等處設置ＳＯＨＯ和衛星辦公室的企業會更加成長。所以，在都市之中設置大樓的時代結束了。在環境良好的場所，一面開發環境，一面設置辦公室兼自宅的企業才會成長。

如此般地，當你考慮購買何種股票的時候，必須掌握了世界潮流和產業構造的變化，加以從中辨認此企業未來成長與否的問題。

再加上考慮代表業界的公司為何，鎖定對象加以投資即可。

蒐集投資情報需要具備投資成本的意識

具體而言，完整的情報該如何蒐集呢？

譬如，在前章中所提到未上市股票市場。當我們參加未上市股票市場之前，可以先參加公司的說明會，或者先向朋友或知己打聽，或是參加知道詳細資訊情報的經驗者的集會。

現代人可以立即獲得股價和匯率的數值，也可以請對方以呼叫器來傳送情報，也有人會攜帶可以呈現出畫面的手機。有些種類的手機可以依靠所呼喚出的情報，當場下達進行買賣的指示。

當然，數字的情報也很重要。因此，最好能夠頻繁地出席各種集會場合。今後，情報的獲得都取決於人的行動。

各式各樣的人帶來不同的情報來進行交換，在這種場合中交換情報是最理想的。當然，自己也要成為好的發訊者，否則就無法得到情報。

新聞報紙或雜誌等資訊情報，會因為人的接受程度而產生決定性的差距，所以不僅數字是情報資訊，最好有可以確實地察覺當時的氣氛。

可以依據感覺來加以判斷出，什麼人擁有何種資訊，擁有何種程度的自信。

今後，這種方法會變得相當重要。

當然，新聞報紙、雜誌和電視上所刊載的情報也相當地重要。

為了獲得情報，對情報資訊進行投資的想法也是重要大事。

所以，投資又分為兩種。一種是對股票和匯率進行投資，一種是在決定投資對象之前蒐集情報的投資。所以，集會的會費只不過是蒐集情報資訊的投資，只是事先加以預算化而已。

例如，進行五百萬日圓的短期投資，應該先準備百分之五約二十五萬日圓，來進行情報資訊的蒐集成本，因此必須努力蒐集情報資訊才行。

如果投資獲得成功，則回饋必定會更增加，所以必須先做好心理準備。

但是，既然要耗費某種程度的成本，就必須集中到某種程度的情報資訊，進而撈回自己的情報成本；如果只是漫無目的和朋友吃喝玩樂，無法獲得有價值的情報。

對於情報資訊的蒐集，我們必須擁有目的意識，而加以挑戰才是。

投機資金應該花費多少金額

到底我們投資股票市場時，應該花費多少投機金額呢？

這當然因人而異囉！因為投資者之中，有些投資者是上班族；有些擁有個人事業；有些經營大型企業，所以不能一概而論，但，還是有大致上的基本準則。

投資金額的基本準則之一，必須考慮世界資金的分布。首先，考慮資金流入國內的情形。因為，在投機世界之中，如果有其他資金的流入，則必須多投資一些金額。

同時，又必須考慮到個人的問題，針對自己的實體經濟情況來加以考慮，如果投資者是上班族時，必須考慮其公司所給予的薪水津貼，如果投資者是企業家，則必須考慮其公司的營業額。

開始進行股票投資之時，將一個月的薪資之中，抽取出儲蓄的部分加以投資；但是，儲蓄存款之中又可以分為可提出使用和不可運用的兩部分，因為如果全部加以運用，會發生問題。

然而，如果萬一發生了事故，必須還有保險和其他方法。除此之外，還有令人擔心的部分或必須以儲蓄的型態來加以保存，當然，其金額又因人而異。剩餘的資金就是所謂的剩餘資金，也是可以適用為投機資金之用的資金。

反之，除了必須擁有現金之外，應該全部運用為投機之用。

日本人將所有的剩餘資金全部以現金或存款加以積存；但是，美國人卻相反地將所有的剩餘資金運用投機，可說是兩大極端。

今後，日本人也需要剩餘資金投資於股票或其他投機對象；否則，財產會不斷地貶值，所以想要不斷地增加財產，必須積極地準備投機資金。

譬如，預定半年之後兒子會上大學，到時候就必須準備好幾百萬。如果是六個月以後的事情，則可以利用換金率高的股票來獲取利益。

我們可以將明天或三個月後要用的資金存放在身邊，剩餘的資金可以作為投機資金。

證券公司銷售附加價值的時代來臨了

證券公司是依據買賣股票的手續費而加以經營的。所以，在泡沫經濟時期，證券公司獲得令人驚訝的好成績，並非股票價值上漲，而是因為股票交易的件數增加。

由一九九九年十月一日開始，日本股票買賣的交易手續費被完全自由化；如此一來，證券公司之間的競爭開始激烈展開；由於如此，為了和其他公司競爭，必然會發展到服務戰爭。

這對於投資家而言，可以說是一件大好的消息。

依靠網際網路來交易的件數會有所增加，因此，幾乎不需要事務手續了。

不論買賣金額是一百萬日圓或十萬日圓，對於證券公司而言，實際上所耗費的手續是相同的，所以其手續費都是三百日圓的公司至今仍然存在。但是，今後會邁入前文所述的時代。

手續費被自由化，甚至變成不需要手續費的情況；證券公司不得不以提升服務品質和附加價值決一勝負。

這時候，對於投資顧客最有價值的附加價值就是顧問費。

於是，證券公司擔任了投資顧問的角色，從中收取顧問費，以此作為成功的報償（效率獎金）。因此，證券公司中的營業員必須努力學習，不能隨意應付前來詢問的投資者。

證券公司的競爭會激烈化，所以業務業績差（營業額低）、不上進的證券公司會衰微，而給予正確資訊的證券公司會增加顧客，所以其提供情報資訊的質與量，以及對資訊情報的判斷力則成重點。

如果擁有優秀的證券分析家，如過去般擔任仲介者的業務，進行了正確的判斷使業績有所提升時，則公司會成為競爭高手。

現在日本的證券分析家對於世界性的情報，分析力稍微弱了些，外資方面的外國資本分析家擁有較多的紐約、倫敦的情報資訊，他們的經驗豐富，所以素質也比較高。

外國資本分析家累積相當多且嚴密的經驗，如果他們的預測不準確就無法在證券界生存，必須以自己的判斷和顧客的需求內容連結以獲得利益，不可以任意應付了事。

由於手續費的完全自由化，使得日本也必須迎接以服務內容來決定勝負的時代。因此，證券分析家必須要努力學習，提升自己的素質，否則恐怕會無法生存。

判讀股票投資的內在玄機和預測技術

關於情報資訊的判讀方法，在第二章中就詳細的敘述。若以股票投資的觀點看來，有若干的補充說明。

前文說過，情報資訊的判讀方法遠比其質與量來的重要，所以經常要判讀其內在玄機最為重要；但是，在實際的執行上有其困難之處。

情報資訊的判讀方法並不機械化，所以在某程度上需要依靠直覺力，所以和才能有關。換句話說，具有此種才能者日後有被需要性。

具體而言，情報資訊判讀能力的重要性有二：一是，依據經濟的原則，以適當的邏輯對顧客進行說明；二是，依據經驗的直覺力。

這種直覺力以邏輯形式來加以說明，是非常不容易的。以筆者本身來說，就判讀情報資訊的內在玄機方面，往往是無法合乎普通邏輯的直覺力比較準確。

接下來，介紹一個實例。

美國股價差一點突破一萬一千美元；但是，前天，美國因為通貨膨脹的不安，其利率提高了百分之〇・一二五；以平常的常識來思考，如果利率上升而股價不下跌則非常怪異；但是，實際上股價卻急轉直升，非常不符合常理推斷。

然而，我卻猜中了，股價會上揚。

其實，這是判讀投資者心理層面的結果。其理由在於，既然利率都已經上漲了，日後應該不會再上漲才是。如果判讀利率不會再上漲，那麼股價必然會上揚啊！

也許各位會覺得這種理由有些奇怪，但是有些資訊情報必須判讀其內在玄機；即使今天發生了任何事情，就表示這事件已經結束了。

實際上，股價會下跌的原因在於推測利率今日會調升，如果利率已經調升而認為不會再抬升時，股價當然會上漲。

如果宣布利率上漲時，大家會臉色大變而加以拋售；如此一來，我們可以採取反方面的行動，就可以得到相當多的利潤，這就是所謂的競爭。

雖然不符合普通的邏輯，但是卻可以了解投資家的心理。

如此般以直覺力來判讀心理狀態，則先判讀出內在玄機者先掌握先機。

投資信託會將好機會頂讓給別人

因為金融風暴的緣故，在銀行的窗口也開始接受投資信託。以低利率和高利潤政策來抬升人氣；但是，我並不推薦投資信託。

譬如說，其利潤為百分之四或更多，甚至以百分之七的高利潤宣傳，似乎利潤相當高；但是，實際上自己卻好像是此好處的局外人，會將好處頂讓給別人的，它的利潤絕不會高。

對於分紅百分之七的人來說，應該是利用顧客所存放的資金而每年大約獲得百分三十至四十的利潤才對；否則，根本無法獲得百分之七的分紅。

雖然，每年大約可以獲得百分三十至四十的利潤，但是卻被其他人所獲得，這實在是違反了「資本的意志」的行為。

就初學者而言，其行為應該無法做到如專業的財政管理者一般，所以可能無法獲得每年百分三十的利潤；但是，如果對內在玄機判讀無誤的情況之下，每年可得的利潤必定會超過百分之七。

證券公司方面，應該是運用借入資本應用率和槓桿原理來使得現金膨脹好幾倍。和一般的投資家不同，一般人可以運用的借入資本應用率只不過三倍左右而已；所以，給予證券公司的一百萬日圓的保證金，可以進行三百萬日圓左右的證券交易。但是，既然都是將資金投資於投機世界，自己僅僅獲得百分之七的分紅，不是太沒意思了嗎！

當然，也需要把握時機；但是，就日本的股票來說，日本的產業類股票不僅可以有百分之七、八的利潤，甚至可以期待股價上漲大約百分二十至百分之三十左右。如此一來，如果只是投資於投資信託的話，可以說非常的可惜。

換言之，投資於投資信託一百萬日圓，僅能分紅七萬日圓。如果在證券公司進行交易，則可以獲得三十萬日圓至四十萬日圓。

當然，時機也相當重要。但是，我們發覺日本的股價持續上升，今後也會不斷地上漲。所以，今後請勿再消極地投資於投資信託。

在店頭上市股票中尋找具有成長空間的企業

登錄於店頭上市股票市場的股票都值得注目，因為其中有很多有展望的企業公司。再加上店頭股票的股票數非常少，所以股價上升的機率也比較高。

股票行情看漲的時候，應該馬上仔細檢查東京證券第一部門和店頭股票。雖然，並非說完全沒有任何風險，因為其風險在於股價下跌而非倒閉。因此，必須小心地研究和尋找將來有希望的新公司，這種公司股票價值一定會上漲。

具體而言，如前文說過好幾次的，隨著產業結構的快速變化，如果能夠順應潮流的公司股票，比較適合投資。

如前文所介紹過的，網路線上的販售公司，在美國中急速地成長。所以，我們可以在網路線上聯機系統提供投資顧問的公司為目標。

引進網路線上聯機系統相當耗費功夫，公司規模愈大，愈需要網路線上聯機系統來管理特約店或代理店，其工作相當繁複。但是，規模較大的公司有充分的預算，所以可以獲得相當高的效果。

但是，中小企業並非簡單就可以引進網路線上聯機系統；除了費用問題之外，承包設置網路線上聯機系統的公司正全力以赴地為大公司作業，所以難以引進此技術。

以此作為目標，幫中小企業設置網路線上聯機系統的公司就急速成長，例如：輸入軟體、系統維護等作業，使得中小企業能夠引進和大公司一樣水平的系統，但是成本較為低廉。

GE（通用電器）的特約店約有四萬五千家店面，對於這些GE特約店宣布，如果沒有引進網路線上聯機系統，會剝奪其特約店的資格。並限制其在一年之內必須引進網路線上聯機系統，但是特約店卻找不到適合承包此工程的公司。

因此，就有新型態的公司成立了！開始專門為中小企業服務、引進網路線上聯機系統的公司內迪克公司。因此，我們先來介紹內迪克公司，其以破竹之勢快速地成長，並且預計三年之後進入NASDAQ。

以這種事例為主進行市場調查，對於問題點進行各種分析，並著手進行解決，而在新領域中開拓的新公司絕對會有所成長。今後，日本的產業結構絕對會有所變化；因此，我們可以以承包服務中小企業工程的公司為投資目標。

況且，有此可能性的公司在店頭上市企業中經常可見。

現在是買進日本股票的好時機

接下來，我們來探討投資買賣的時機。

投資買賣的時機非常難以判斷，當然以底值加以買進，在漲停板的時候加以賣出是最理想的時機。

股票的上漲或下跌要看看股市行情圖，當然沒有任何股票會永遠上漲，所以，以底值時加以買進，在最高價時賣出是最理想的，因此我們必須會善加利用股市行情圖。

同時，有一些股票會隨著季節而變動；有些股票價值夏天會上漲、冬天會下跌，而此種股票只要蒐集情報就可以得知。

隨著季節天氣的改變，使得許多業界全體也會受相當大的影響。以業界為例，啤酒業夏天的業績比較好，到了冬天業績會下滑，但是，如果遇到冷夏則會大受打擊。

有些業界股票價值會受到石油價格的影響，所以預測和展望也很重要。

就全盤性而言，和日本經濟景氣的好壞也有相當大的關係；關於這個問題，預測股價時也是如此，要掌握股價是否在谷底，或是判讀今後會不會更壞。

希望對於經濟全體景氣好壞的傾向，必須與公司的業績兩方面一起兼顧。

本書問世之際，日本的經濟應該朝向好的方向，股市應該迎接上漲的局面才是；因此，不論高價股或廉價股都加以買進，並且放置約半年之久，應該不會發生股價下跌的情形才對。

本書中提過好幾次，一般而言，股票的上漲與下跌是以投機資金的量來決定。有多少投機資金進入股票市場、有多少資金出走，來決定出平均股價。

今後，日本的股價會上漲是明確的事實。

然而，股價上漲其中第一個要因就是外國人的買進；今後，外國人會徹底購買日本方面的股票。譬如，MERRILL－YNCH公司最近的日本股票納入率提升了百分之二的程度，而其他外資方面的證券公司都提高其日本股票納入率。

期貨保值基金方面也一貫地以為日本股票會有所上漲，就如我在各種場合中所進行的一般，美國方面擔心暴跌的情況發生，但是，仍一口氣湧入非常多的資金。

至於我們該如何對應暴跌的現象呢？因為其方針尚未明確，所以未正式地湧入資金。但是，已經購買了日本股票的人可以決定經濟。

如前文所述，外國人投資家的東京證券之市場佔有率大約百分之四十五，由十倍大規模的紐約市場中湧入資金，雖然只有百分之二的日本股票納入率，但已經給與巨大的影響和充分的衝擊。

因為最近的股價上漲，所以日本的個人投資家數目遽增；因為人數遽增，所以投機資金也有所增加；所以，不論日本的景氣好壞，其股價都會上漲。

尋找良好投資對象的情報蒐集術

接下來，我們來討論對美國公司進行投資時，該如何選擇投資的對象？

不管是誰，都想投資會獲取利益的公司，但是如何尋找會獲取利益的公司呢？我們以美國的例子，就可以充分運用於國內。

首先，最理想的方法就是先和值得信賴的投資銀行商量。

當然，投資顧問的公司或是情報資訊仲介者等等，可以商量的地點相當多；我們都想找一處最安全而且優秀的公司。為了得到最好最快的資訊情報，所以我特別找投資銀行加以商量。

美國有好幾家投資銀行和投資財團，而由其中選擇的基本準則先以其歷史來看，所以我們必須對其歷史進行調查。

另外，要看看經營者的情況，譬如：擔任銀行總經理的職務共幾年，除了調查經營者的經歷之外，還要調查其專業技術者、金融工程師等人的經歷，這是非常重要的。

為了調查這些事務，並獲得相關的資訊情報，應該參加每個投資公司的說明會。

我並不贊成聽一些仲介人士的談話，雖然可能其中有一些優秀的仲介人士，但還是去參加一些具有信用的投資公司說明會，自己親身確認其安全性，比較得當。

並且不可太相信他們說：「這些貴重的情報資訊，我只告訴你一個人。」等的甜言蜜語。

所以，我對於美國公司進行投資之前，先實際前往美國各地進行各方面的調查，以自己的眼睛親身加以確認。

如前文所說明，以獲得更詳細情報資訊的投資心態，前往美國一趟。

由日本向美國公司進行投資的情況，可以請對於詳知美國投資者擔任諮詢顧問。由這方面的人士口中獲得情報，並積極地參加說明會。

大型的外資證券公司經常舉辦美國公司的投資信託說明會，所以我們應該常常參加這種美國公司的投資信託說明會。

但是，在那些說明會當中所介紹的公司，都是規模相當大的公司。因此，依據原始投資的觀點而言，並非最原始的狀態，已萌芽到某種程度；因此，就利潤的數額來看，則不太刺激。

同時，我們現在也可以由網際網路上的資訊來獲取投資銀行的情報。

小額分散投資是原始投資的成功秘訣

原始投資是對於今後會發芽的公司進行投資的方式，但是對於還分不清楚好壞的公司進行投資，必須有相當大的勇氣。

由於公司如種子一般，所以有些種子無法發芽，有些短暫性地發芽之後就枯萎了。因此原始投資的成功秘訣，將資本小額分散投資給各公司的投資方法。

如前所述，請一流的投資顧問公司或投資銀行來加以推薦。其中，又以其所想投資的公司進行融資會比較理想。

日本銀行在泡沫經濟時期對於任何業種都加以信貸；但是，就常識而言，銀行想積極加以融資的公司，應該有某種程度的信用。每年新成立的十家到二十家公司之中，一定有銀行仔細挑選出的公司。

獲得銀行方面的情報資訊之後，如果仔細挑選出十家公司，分散資金投資這十家即可。當然，股票會有上漲、下跌的變動；可是，銀行所推薦的十家公司不可能每一家都倒閉。

更極端的說法是，如果其中有幾家公司倒閉了，只要有一家公司殘存即可。即使只有一家公司殘存，其餘九家都崩盤的話，殘存的這一家公司股票會上漲幾十倍，所以不會發生問題。

以最平常的情形說來，不可能九家公司全部倒閉，只是是否按照預定的時間進入NASDAQ有誤差而已；雖然，其進入NASDAQ的時間先後有差異，但是，最後都會得到利益才對。

如果登錄於NASDAQ股價會上漲四十至五十倍，萬一在中途就加以拋售，則獲得兩、三倍利益是理所當然的。

日本人對於這種投資方式並未習慣，所以得趕快習慣才對。

如果能夠了解這個世界上的事情的話，則僅僅百分之七的投資信託低分紅比例對我們來說，實在太過於無聊！太沒有意義了！

一天百分之一的股票投資戰略

本書已經提及數次，影響日本股價上漲或下跌的因素並非內部要因，而是外部要因。影響日本股價上漲或下跌的因素，是依據海外有多少資金流入日本市場來決定。

在金融機構中，基金管理者以秒為單位在場中進行買賣的指示，正意味著TIME IS MONEY.，即時間就是金錢的觀念。

金錢不喜歡不使金錢流動的人，金錢也會對於買了股票而持續擁有的人敬而遠之。

「資本的意志」意味著「以最少資本，在最短時間內獲得最高利益」心態。對於「資本的意志」而言，最理想的是同一筆資金，在同一天之中進行好幾次地買賣。

一開盤就買進，進而得在早盤結束之前全部拋售，直到晚盤開盤時再度買進，到了終盤之時再賣出……。

我推薦在一週期間（星期一至星期五的五天當中）的百分之七主義，也就是扣除手續費，一面計算每天進帳百分之一以上，以進行買賣的方式。

某股票由星期一就開始下跌，所以在一週內超過百分之七時就必須拋售；一開盤就買進，直到晚盤上漲了百分之一以上時，就必須拋售，之後在購買別的股票。

該買何種股票呢？請勿執著於業績和產業，先選擇一週內下跌率最高的股票，接下來調查其一個月之內變動情況，如果月平均情況是上漲，則要認為此股票會更加下跌，所以賣空。

有兩度下跌百分之一之後即可買回，等週平均為百分之七的時候再加以拋售。如果沒有上漲百分之七，則等其上漲到上一個月的最高值時賣出。處理的時候，如果一天之中沒有獲得百分之一以上的利益，則必須視為「負債狀態」，但是，在下次交易時必須加以取回。

同時，一週之內獲得百分之十以上的利益時，得視為是credit，按分配量售出，當作是防範損失的彌補存款。

將股票賣空時則相反。

找出一週之中上漲最多，且一個月也會上漲的股票種類，先加以拋售，這一週開始下跌，連續兩週之後就可以開始買進，如果持續三週都下跌時，則繼續加以買進。

最重要的是，必須遵守一日百分之一主義。

以匯率馬上獲取利益的方法

投資是對股票和匯兌兩方面進行投資最為理想，因為其彼此之間關係相當密切，所以投資時，兩方一起購買比較安全，獲得的利益會更多。

如同前文說明過的，匯率是該國家經濟傾向的量尺。

在此，我們來探討今後匯率的動向。

外資對於日本的投資資金增加，同時期貨保值基金以日本為投資中心，這都意味著日圓可以購買的意思；為了購買日本股票，當然必須要日圓，所以購買日圓時即表示日幣幣值會升值。

那麼有沒有日幣貶值的原因呢？

當然並非完全沒有原因；日幣的貨幣供應量逐漸增加，加上財政部的資金運用部門大量買進國債，可能會引起通貨膨脹，這種可能性危機即是其貶值的重要因素。

但是，如前文所述，當外資或期貨保值基金流入時，還需要買進的安定性因素，那就是輸出貸款。

廠商因為輸出而得到外資，將其一直儲存到日幣貶值時，則買進日圓使其價格恢復，好像為了防範日幣貶值而投了保險一般。

廠商所貯存下來的外資，什麼時候可以兌換日圓呢?這就要等待時機；當日圓廉價時，就一口氣地買進日圓；因此，日圓就好像經常受到控制一般，可能以一百二十二點三日圓左右為界限一般，因為應該不會比此更廉價才對。

由於前文所列出的各種理由，日圓大量地回流，而且都呈現流入狀態。因此，我依據日幣升值為基礎，推測日圓會急速升值。

外資方面也要觀察機會。過去，其他國家以非常低約百分之一左右的利率，在日本籌措便宜的日圓，並且投資美元以獲取利益。但是，日圓下跌之後，開始出現其他國家加速歸還所借來的日圓之景況，這也是日幣幣值上升的緣故。

因此，就這些日幣升值的重要因素看來，一九九九年九月以來，日幣可能會大幅度升值，到了同年十月份左右，日幣可能會升值到兩位數，這是我個人的預測。

那麼，當日幣升值的時候，我們又應該購買何種商品呢?

其種類繁多，基本上一切以日圓為計算單位的商品都可以買進，不要買入以美元為計算單位的商品；另外，最好購買短期性商品，因為兩年後日幣幣值會開始下跌。

因此，現在就可以買進以日圓為計算單位的短期性商品。

由於日幣幣值升高，所以紐約方面的股票會下跌

當日幣幣值升高時，美國方面的經濟情況又是如何呢？

當日幣幣值升高時，當然會加速投資於投資效果高的日圓，對於日本股票的投資行動會活絡起來，資金自然會由美國回流回日本。

前文提過，美國股票快要破一萬一千美元是利率調升的結果。不必擔心的是，今後利率還會持續性地上漲，而股價也會急速地上揚。如此般地，日幣幣值維持於高基調時，意味著利率仍然會上漲，因此美國股價會緩緩地下跌。

美國方面，因為美元幣值下降，消費者物價會上漲，所以股價會下跌，會造成利益減少的壓力。所以，這些是股價下跌的原因。

美國的經濟狀況令人擔心，但是必須加以考慮的是，股價會暴跌或緩緩低落所造成的局面。

現在美國的經濟景氣良好，是因為日本資金流入的關係。由於如此，美國人才可以獲得資本利益，但是他們將大部分的資金耗費在消費層面，陷入了「虧空」的狀態，但

是其遲早都要彌補。

彌補的手段之一，就是利用股票暴跌的機會。由於股票一口氣的下跌，而下跌時金額會急速減少，所以藉由下跌後的金額來結算金額。

還有另一種彌補的手段，那就是在實體經濟方面創造出新的價值，藉由此新創造出來的價值以彌補所耗費的金錢。

也許這種說法過於粗魯而露骨，但是，這種情況可以表現為將借來的金錢額度來結算破產金額，因工作而獲得的利益就以歸還金額來理解。

但是，為了創造新的價值，必須對製造業和軍需產業投入力量。而且除了軍需產業之外，恐怕沒有其他辦法可以迅速地創造出新的價值。

所以，美國將被泡沫經濟所吸收的資金轉移到軍需產業；另一方面，製造業的資金吸收量有限，因此無法促使製造業股票上漲，更無法使紐約道瓊指數上漲；因為股價會上揚的製造業股票是低價位股票，而股價下跌的泡沫產業股票才是高價位股票。

實際上絕對有利的匯率交易

就以現金來進行匯率交易而言，現在只能在銀行和證券公司中進行交易，例如，以日圓（現金）購買美元，等到上漲之後再賣出。

但是，買賣之間一美元需要一日圓的手續費，因此，如果沒有二日圓以上的利益差額（餘利），或許無法真正獲得利益。

然而，匯率交易中要擁有二日圓以上的利益差額（餘利）是相當困難的。

最近，大和未來公司（店頭股票市場上市）開發了一種稱為信用（margin）ＦＸ的匯兌期貨商品，其以美元為計算單位。

信用ＦＸ的特色在於單一（一次買賣）的手續費為〇．一日圓（一毛錢），只是銀行的十分之一，更不像一般的商品期貨有「期限」的限制。

因不需要在期限進行結算，所以風險較小。

其委託保證金大約其資金的百分之七，依據一九九九年七月的匯率來看，八十四萬日圓保證金的交易金額為十萬美元（相當於一千兩百萬日圓。一美元可以換算為一百二十日圓）。

譬如，如果信用ＦＸ可以獲得一日圓的餘利，總共可以獲得十萬日圓的利益。而提出八十四萬日圓可以獲得十萬日圓，可說是獲得百分之十二的利潤。

如果觀察日圓和美元的行情，則一天變動一日圓以上的日子相當之多，所以在現實

表 2　購買美元可以獲得的利率餘利

			★★★★交易確認★★★★								
號碼	種類	約定日	交割日	買賣	貨幣 1/2	貨幣 1	交易量 1	貨幣 2	約定價格		
621681		1999/6/21	1999/6/23	SELL	USDJPY	USD	-300,000	JPY	122.1200		
			★★★★未決算★★★★								
號碼	種類	約定日	交割日	買賣	貨幣 1	交易量 1	貨幣 2	約定價格	評價價格	評價損益	互換協定
614682		1999/6/14	1999/6/16	Long	USD	300,000	JPY	118.0000	122.3000	1,290,000.00	18,000.00
621681		1999/6/21	1999/6/23	Short	USD	-300,000	JPY	122.1200	122.3000	-54,000.00	0.00
		1999/6/21	★未決算損益 計★		USDJPY	0	JPY			1,236,000.00	18,000.00
		1999/6/21	★寄託保證金 計★		USDJPY		JPY				

餘利額	1,236,000
互換協定利率　+	18,000
合計	1,254,000

上充分具有嘗試看看的價值。

當買進美元時，以日圓計算獲得的互換協定利率是日美兩國的利率差；例如：當利率差為百分之四，則十萬美元的利率差是四千美元，將其除以一年三百六十五天，則一天約獲得十一美元，而十一美元以一美元為一百二十日圓來加以換算，則有一千三百二十日圓。所以，交出八十四萬日圓的保證金，每天可以獲得一千三百二十日圓。

沒有銀行執照的一般人，可以進行如銀行所進行的交易行為，所以非常特殊，又有魅力。這是獨立開發的產品，依據我的調查，在日本與此商品相同的特殊優惠並不存在。

表2是六月十四日以一美元一一八日圓買進三十萬美元的事例，而於六月二十一日以一美元一二二・一二日圓賣出。其差額為四・一二日圓。

計算圖表顯示，知道其餘利額和互換協定利率合計為一百二十五萬四千日圓，這是一週之中所獲得的利益。

表3是六月七日以一美元一二〇・八三日圓的匯率賣出（賣空）一百萬美元，而六月十日再以一美元一一九・四二日圓的匯率重新買進，其匯率差額為一・四一日圓。

表3 賣空美元再度買回

			★★★★交易確認★★★								
號碼	種類	約定日	交割日	買賣	貨幣 1/2	貨幣 1	交易量 1	貨幣 2	約定價格		
6101021		1999/6/10	1999/6/2	BUY	USDJPY	USD	1,000,000	JPY	119.4200		
			★★★★未決算★★★★								
號碼	種類	約定日	交割日	買賣	貨幣 1	交易量 1	貨幣 2	約定價格	評價價格	評價損益	互換協定
6071021		1999/6/7	1999/6/9	Short	USD	-1,000,000	JPY	120.8300	119.1000	1,730,000.00	-19,000.00
6101021		1999/6/10	1999/6/14	Long	USD	1,000,000	JPY	119.4200	119.1000	-320,000.00	0.00
		1999/6/10	★未決算損益 計★		USDJPY	0	JPY			1,410,000.00	-19,000.00
		1999/6/10	★寄託保證金 計★		USDJPY		JPY			0.00	

餘利額	1,410,000
互換協定利率 +	-19,000
合計	1,391,000

在這種情況之下，因為扣除了日美的利率差額，所以三天期間所獲得的利益大約一百三十九萬一千日圓，非常可觀。

不論買賣股票或匯率交易都必須具有情報的分析力，並且更須具備解讀「實情」的能力與經驗。

以為自己無法達成而放棄，則永遠無法達成，因此在經濟社會中可能落於人後。

首先，必須先擁有好的諮詢顧問，並且趕緊讓自己擁有比顧問更好的實力。

第五章

海外投資才是終極的獲益方式

成爲自由的無國籍人士以追求更多的利益

到前章為止，對於投資的基本概念和實踐都進行了說明。接下來，我們來討論全球性的投資。前文中我們提到想以股票和匯率使日本和世界經濟互動起來；接下來，我們再來思考讓自己和世界互動起來的方法。

簡而言之，就是成為無國籍的人。

無國籍的人可以獲得自由，可以獲得財政自由，也就是金錢的自由。

有國籍就會成為某一國家的國民，這意味著要負起國民和社會人士的義務；常言之，就是要有勤勞的義務、納稅的義務和受教育的義務等等。其中，納稅的義務就是違背了「資本的意志」。

無國籍的人無須負起義務責任，他們由義務中解放成為自由之身，自由則能獲取利益。

每個人都想增加利益，所以成為無國籍人士會獲得更多的自由，更可以獲得更多的利益。所以，能在美國成為大富豪者，多半是放棄美國國籍而成為巴拿馬市民的人。

本章內容要探討如何讓你成為無國籍者，由義務中獲得解放、獲得自由，並且獲得利益的方法。

正確理解資本主義的本質

為了要進行全球性的投資，首先我們必須對何謂資本主義和日本的現狀進行了解。所謂的資本主義概念是，學者亞當史密斯（一七二三年至一七九〇年。古典派經濟學之祖、英國的經濟學者）的主要著作《國富論》中第一次被提出。學者亞當史密斯推翻了傳統封建社會的價值觀，建立了資本、勞動和利潤等等概念，這就是今日資本主義概念的起源。

資本主義是依據人類慾望為基礎的經濟系統。

為了滿足人類的慾望（需要），投入一些金錢（資本）和供給一些勞動力，進而產生出利潤；而這一連串的經濟系統，就是所謂的資本主義。

在資本主義中，需求和供給是非常重要的，其中又以需求更為重要。如果需求一旦停止，則資本主義會馬上喪失機能；因此，為了要維持資本主義，必須有持續不斷的需求。

景氣循環（好壞的循環）是因為新的需求得到了滿足，而在引起下一次需求的期間，人類的慾望會有所休息。因此，景氣自然會出現好壞的差異。

由於如此，如果有足夠的情報資訊可以常常刺激人類的慾望，或促使慾望更加多元化，則可以支撐資本主義的存在。

所謂的資本主義社會，顧名思義就是「為了資本的社會」。「為了資本」則是「對資本較有利益」的意思，那意味著我經常使用的一句話，在本書中也曾提及的，就是順從「資本的意志」的社會。

因此，所謂資本主義社會則是建立有利於資本的社會，這種資本主義社會會創造出可以滿足人類需求或供給的「物質和服務」的一連串活動，也能夠創造出有效率營運的制度，並且由國家組織來制定法律，加以保證的社會。

也許國人難以理解這種概念，但是美國人對於此種觀念卻十分了解。

國家對於美國人而言是一種制度，他們不但擁有保護自己（國民）利益的意識，並且有由自己去加以建立的意識。

更具體地說，資本主義社會是「為了達成資本目的而建立的社會」。對於資本主義而言，由「人類」慾望所產生的需求是最重要的；在「法律」上依靠憲法的最高法規來規定「基本人權」，將人類視為最重要。

不能殺人的理由其實是在於，殺人表示將追求自由之人加以殺害，也就是殺害了資本主義中的重要需求來源的意思。

殺人所以被視為違反人類的道德倫理，其實只不過是表面性的主張。

也許，有人會認為「豈有此理」。但是，為了證明此點，可以就美國的法律將「滿足慾望」的「所有權」視為決定性保證可以得知，所有權被視為最重要的存在，進而將所有權放置在人的生命更上面的位置。

所有權比人的生命更受重視的國家

美國並非是遠古時代就已經存在的國家組織，其人民是為了追求自由而從歐洲前來的移民，其在拓荒者的精神之下開始進行拓荒，也是為增加私人財產而建立的國家。

剛開始時，建築起柵欄來標示「這是我的土地」，以說明這是個人的私有財產，這也就是美國資本主義的基礎。而美國社會的基礎就是所謂的私人財產。

在美國，要避免自己的財產被別人所侵犯，法律是必要途徑，而國家組織也是必須成立的。因此，產生了美國這個國家。

因此，在美國的街道上行走時，會在許多人家的圍牆內看見「禁止穿越（NO

TRESPPASSING）」的標示。圍牆之內都是自己的土地、家和財產，所以圍牆是自己所有權的界線警告。而「禁止穿越」則意味著「忽視邊界警告而穿越者，會危及自己的生命」。

實際上，美國也常常發生少年因將棒球投入圍牆內，未獲允許擅自進入，遭受槍枝射擊而身負重傷的事件。

如果舉和自己較有關的例子看來，一九九二年的萬聖節當天，路易斯安那州中的一個小村落，發生了一位日本留學生被美國人射殺的「服部君事件」。

服部君是在萬聖節當天，化妝到各個家庭中拜訪。可是，其中某一家主人喊叫著「止步！（FREEZE）」但是，他還是因為接近所以被射殺；推究其因，可能是服部君將「止步！（FREEZE）」聽成「請！（PLEASE）」的緣故。

向無抵抗力的少年心臟發射子彈，以日本人的觀念來看應該被判決殺人罪，但民事訴訟的判決不知何故，將棒球少年和服部君事件都宣判在刑法上無罪開釋。

這些事件證實了，在美國，私人財產比聲明還重要，此事實不容置疑。

美國的歷史屬於開拓的歷史，他們為了保護和保障圍欄裡的所有權，這才是美國國家組織和法律之所以存在的意義。

所有權是絕對的，所謂的絕對意指比生命更加重要，所以依據此原理，沒有經過允許而進入他人庭院者被殺害也無法有怨言。

所有權是「慾望的結論」，而「財富」就是「財產」；在此財富的觀念之下，一面留意避免超越過他人庭院而被射殺，而追求最短距離為其保障距離，其中一種方法就是成立國家組織。

然而，在這種法律和規範制度之下，成立了資本主義社會。

保護國民的慾望活動是國家的義務

所謂法律的權限，平常只限於國家內部。法律是保證國民在國內的慾望追求，建築財富的保證。如果想超越自己的國家（國境），而滿足他國的慾望時，該怎麼辦？

如果交易對象為自己的國家，又可以受到他國的法律所保護，則是就外國人的立場而言，但是他只有獨自一人。所以，為了保護自己的財富，必須獲得自己國家的法律保護。

否則，不僅不會獲得財富，有時反而會失去所擁有的財富。

國家會保護自己的國民去追求他國的財富，所以和他國締結條約。如果自己的國民遭到不當地損失或危害之時，往往會行使武力制裁他國，以保護自己國民的利益。

國家有義務保護你到外國追求財富的自由，當然也必須保證財產的自由，這道理和美國家庭庭院中所豎立的「禁止穿越」的標示牌相同，當他國國民侵害到自國國民的所有權（財富）時，得對他國國民加以制裁，這是國家對於國民的義務。

這種想法對於徹底重視資本主義的國家美國而言，是理所當然的。

國家組織是個人追求慾望的基礎設施，因此，沒有任何國民想成為國家的財富，大部分都是為了自己的財富而利用國家組織而已。

為什麼在此兩者間沒有架設起橋樑呢？為什麼沒有舖設道路呢？……對於政府所提出的任何要求，其實都是為了自己的利益所提出的。

過去，美國的通商代表康達先生曾經來到日本，舉辦記者會之時，手上拿著摩托羅拉的手機說到，因為日本規定不可攜帶如此高性能的手機，所以日本人實在是太不幸福了，意指著日本人當然要使用摩托羅拉的手機才是。

以此為動機，企圖開發市場出售摩托羅拉手機，所以在短短的時間之內，成就了三千億日圓的手機市場，相當龐大。

對於這個問題，日本的傳播媒體競相批評責難，指責美國的高層官員替特定的企業進行商業廣告，如此會威信大損。可是，堂堂的國家代表怎麼可以替特定的企業進行宣傳呢？

但是，對於資本主義國家美國來說，通商代表康達先生的這項舉動並沒有違法，甚至是極為理所當然的手法；因為，政府官員有義務為不論多小、甚至一兩個職員而已的公司努力，使其有獲得利益的機會。可以說，政府官員是因為此目的而存在。

政府有義務為任何一個國民保護其利益，或增進其利益。

日本是無法保護財產的國家

日本是以貿易立國的國家。

其原始材料由外國輸入，日本進行製造加工、包裝後再加以輸出。最近，在原始材料產地或消費國也開始興盛了製造加工、包裝的作業。

同時，日本廢止了很多昔日為了保護和培育國內的產業所設定的行政法規，使得外國人可以在日本境內追求財富，並且可以自由的活動。由於如此，外國人在日本國內活動力有增大的趨勢。

當然，日本這個國家今後必須保護日本人在海外的權益，而且必須防範在國內的外國人做出侵害日本人權益的活動。

對日本人來說，美國是日本依存度最大的國家，而且是最大的競爭對象，而美國的法律精神是以「禁止穿越」最為代表，表示「接近，就殺了你！」的精神；所以，如果日本沒有好好地進行對抗就無法保護國民的「生命與財產」。

日本人到海外的權益問題，依照兩國和多國之間的協定、締結的條約或國際機關之間的協議來保護；但是，這是一種紳士協定，除了幾個國際批准的事項之外，並沒有任何強制力。

在這種狀況之下，世界各國為了保護自己國民的利益，所以都設置有行使武力的體制。其中最顯著的例子是美國。

日本在世界最大的競爭對象美國之軍事基地，在日本國內就有五十一處，同時日本也保證美國軍事行動的自由；美國不需要經過日本的許可，就可以對第三國進行軍事行動。因此，對於美國而言，日本就好像是軍事佔領之下的國家一般。

美國和日本的關係不適合以「敵人」這個名詞來加以說明，但是美國卻是日本的最大「競爭對手」和「利害對立國」。日本卻讓美國的軍隊如此駐紮在自己的國家。日本卻以保護自己國家的安全為理由，讓美國付出所謂的「安全貸款」，兩種現象似乎是矛盾的。因為保護國家的安全，就意味著保護國家不被其他國家侵略。

依據一九七四年聯合國的決議，「侵略的定義」是「如果他國的軍隊沒有經過本國的允許，而對第三國進行武力行動的情況，就定義為侵略」。所以，依據世界共通的「侵略的定義」，日本完全是屬於美國侵略型行為下的國家。

受到他國的侵略才能維持安全的想法，完全是非邏輯性的、充滿欺騙性的。

自己的國家讓他國軍隊和軍事基地進入，並且給予其軍事行動的自由，又得義務性地支付百分之八十的經費，好像是自發性地支出幾兆日圓的「慰勞預算」；對於美軍設施的整修費、薪資、勞動費、訓練交通費等等都加以支付。

日本政府卻認為，採取這種行動可以保障國民的安全，這在人類歷史上可能僅見於此。如果認為「戰爭尚未結束」則又另當別論；但是，無論從哪一個角度看來，都無法從世界常識中逃脫。

歡迎「奴隸的平和」的國家，恐怕只有日本而已。

海外投資信託中心可以讓你保護自己的財產

無論對於在國內或海外的國民，日本這一個國家被認為都沒有保護國民的利益的想法和能力。既然如此，自己的利益就得由自己來保護。既然日本如此不可靠，除了讓自己變成無國籍之外，恐怕沒有其他好方法來保護自己的財產。

當然，這並非意味著自己實際上喪失國籍，而是利用海外投資信託中心，以法律喪失國籍的方法。由於如此，你的財產才能和財產天國世界直接互動。

世界上有五十個以上的國家有海外投資信託中心，財政部曾經認定日本為免稅天堂（逃稅樂園）。

海外投資信託中心擁有很好的優惠措施，可以完全獲得金融自由，同時經濟方面可以完全獨立，也不會壓迫人民執行任何義務，可以獲得完完全全照自己的想法進行的經濟自由。

「自我負責」的真正意義是「自己保證自己」。在世界之中到底有誰值得信賴……，政府、銀行、大企業等等單位，隨時都有露出破綻的危機。

因此，我們可以了解，值得你信賴的人就只有你自己本身而已。那麼，除了你自己之外，還有誰值得自己信賴呢？如果地球上的人類逐漸消失，或者最後只剩下兩個人的時候，還是會有市場的存在。所謂的市場，是為了使兩個人都生存下去所衍生出來的，如同第一章中所提出來的觀點。

其實，除了你自身之外，你可以信賴的就是市場；所以，本章接下來將介紹，不透過銀行和證券公司可以以錢滾錢、獲得利益的海外投資信託中心之市場（market）。

使「寶貴的」金錢無國籍化，獲得眞正的自由

雖然，今日的世界金融市場金融交易總額，一天約一兆美元（約一百二十兆日圓），佔了日本國民總金融資產一千二百兆日圓的十分之一。其中，無國籍資金（歐洲金融市場）佔了八成以上。在自己國家以外所交易的貨幣稱為歐洲貨幣，而在海外被交易的日幣則被稱為歐洲日圓（他國國籍日圓）。

現在，自由主義諸國的貨幣大多成為無國籍的貨幣，在世界的金融市場中流通。

如果將日圓於日本進行儲存或投資，則金錢的國籍屬於日本；因此，日圓在日本的金融制度之下，只能進行非常有限的活動。

可是，如果你喜歡「寶貴的」金錢，就會希望他可以成長得健康壯碩，又可以既安全又自由奔放地成長；所以，必須讓你寶貴的金錢出去遊玩，不可以將寶貴的金錢束縛於日本，這如同鎖國狀態一般。

讓寶貴的金錢出遊旅行是非常重要的。但是，任意地讓其去旅行，所承擔的風險太

大、太危險了；所以，必須選擇安全、環境好、當地人值得信賴、知性又有禮貌、負責任等等，保證讓寶貴的金錢安全成長的地方。

一般而言，在歐美各國之中，負有重責大任的人有專屬的醫生、律師、國家會計師等人跟隨，充分地管理自己。既然要讓寶貴的金錢移動到國外，必須設立充分的自我管理系統。

必須設立保證現金和管理的銀行、運用資金的基金管理者、財產保全的信託，以及能代替你監視全部的資金運用，並加以輔導的顧問。

稅務處、債權人、財產繼承人、法院、暴徒、股東大會的滋事分子、交際和捐款等，都想得到你的財產。由於你自身失敗所要負起的責任，所以會有人不斷地想獲得你的財產。

今後能夠保護你寶貴的金錢，唯一的、合法的、悠閒的方法就是將你和你寶貴的金錢都無國籍化。當你和你寶貴的金錢無國籍化以後，可以從所屬國家的義務、拘束和債務中得以解放。

其實，無國籍意指獲得經濟上的自由，在經濟上沒有受到任何制約的狀態。

我們曾在第一章中提及，自由又分為「Freedom」和「Liberty」兩種；但是，所謂的無國籍對你所保證的自由是兼顧兩者的自由。

當兩種自由都被保證的時候，你寶貴的金錢就從一切問題困限中被解放，就能成為真正自由奔放的無國籍金錢。

可以擁有日本人身分和無國籍的身分

當你的寶貴金錢成為無國籍身分之後，即使其在海外有極大的成長，但是不會允許日本人身分的你任意加以拜訪。

日本國籍的你，對於你無國籍的寶貴金錢說「你是我的孩子」是無用的，這反而會讓你的寶貴金錢感覺非常迷惑。

所以，唯有讓自己也成為沒有國籍的「隱形人」，才是最重要的。而「海外投資國」正是「隱形人」的製造工廠。

海外投資即「Off-shore（海岸線以外）」、國境之外的意思。所以，當海外投資國以海岸線為國境之時，若區分其線的內側和外側，則海外投資國是擁有特殊法律來管轄其外側部分的國家。

一離開海岸線則成為公海和外國，並非自己的國家。但是，海外投資國有一種特別的想法是，將國境線的外側視為己國。

使得國境線外側中營運事業的企業或個人，適用其特別的法律制度的國家，就是所謂的海外投資國，也就是免稅天堂（逃稅樂園）。

現在，在世界各地約有五十多個海外投資國存在。

海外投資國之中，對於國境線外側中營運事業的企業或個人（在海外投資國中從事事業者）和內側者以法律明確地加以區別。

國內公司（in - shore company）則適用於國內一般的股份公司法；但是，在海外投資國之中，適用與國內法完全不相同的海外投資法。且海外投資業務只限定於國外，在國內根本無法營運。

海外投資法的特色，在於其三大優惠。

第一項是租稅的優惠。海外投資國在課稅方面，將「免稅」和「減低稅款」加以保證和立法化。這就是之所以稱為免稅天堂（逃稅樂園）的理由。

第二項優惠是秘密的保持。大部分的海外投資國對於必須登錄海外投資事業所認可的基本內容（股東姓名、總監事姓名、資本金、國籍、姓別、年齡和地址等等基本情報資訊），都加以保證和立法化。有時，連不需要登錄姓名和國籍的地方不少。

第三項優惠就是海外投資信託。多半的海外投資國都設置了完備的「信託法」，請被信託人（Trustee，受託管理者即被信託人）盡力保護你寶貴的財產。

再加上，受益人可以取代你，有效率地使用基金管理，使得你的寶貴財產增值或受到保護，並且會嚴守所有的秘密。

喪失國籍變成隱形人，乃意味著可以盡情活用海外投資國所保證的三大優惠，這也是活用、利用海外投資信託的金融意識。

如果你百分之百擁有海外投資公司（海外投資國國籍的公司）的股票，雖然有自由操控此公司的權利，但是你並沒有被正式（公司謄本）地登錄下來。如果，你可以活用這種公司，你便可以完全從日本和世界的經濟社會中消失。

在日本的你可以維持具有日本人特徵的日本人，但是你在海外時，可以成為可自由對應任何文化法則的隱形人、無國籍者。然而，有時候必須捨去日本人的身分。

在日本支付稅金的你，和在海外世界完全不用支付稅金的你相互調和，成為你今後的人生。同一個人，在日本過著高名譽的生活，在日本之外則過著大富豪又完全免交稅金的生活。這是今後在經濟層面獲得成功，並過著幸福人生的秘訣。

將頭痛的問題（稅金、繼承、訴訟、債務、慰問金和脅迫等等）變成隱形人的工作，而獲得名譽的事（捐款、慈善、演講、著作和表彰等等）都視為日本人的工作，將兩者加以區分。

將日本人身分和隱形人身分平衡地加以自我管理，將成為人生的成功關鍵。

你必須牢記的是，你並非孤單一個人。在擁有日本人身分的同時，也用有化身成任何人，但又非是某一國國人的隱形人；這種人才是最「悠閒」的人。

以超低利率所得的資金隱藏於海外投資銀行

海外投資國的優惠制度對於日本大銀行、貿易公司和特權企業來說，並非新奇。資金擁有一億日圓以上的日本企業，有百分之五十以上擁有海外投資公司，今天已經超過四千家。然而，國民和中小企業都被矇住了眼睛，只有被規範制度所保護的特權企業，才可以任意地獲得海外投資國的三大優惠措施。

終於在一九九八年四月開始，施行了外匯更正法，對於一般國民打開門戶。這主要是來自於美國的壓力。

同時，國際清算銀行（ＢＩＳ）於一九九四年，為保護處理國際業務的健全性金融機關，進而規定自己的資本比例必須維持在百分之八之內（ＢＩＳ所設定的自我資本比例基準），但這也是因應美國方面的強烈要求，才會被達成。

自我資本比例，簡單地說，就是將有風險的資產部分視為分母，沒有風險的資產部分視為分子，加以計算所得到的百分比，這數值是為了防備風險而產生的數值概念。

當然，日本的金融機關必須遵從此項規定。而且日本方面已經引進了早期矯正措施，對於達到固定的自我資本比例的金融機關，可以頒布包含業務停止命令的行政指導。

大家都知道，日本的金融機關擁有黑箱之中的不良債權。同時，因為股票貶值而增加的帳外虧損，會造成負面的因素。所以，為了達到ＢＩＳ所設定百分之八的自我資本比例基準，必須達到放款回收或貸款額控制等重要業務。

由於外匯開放和早期更正措施所引起的信用不安感，受到超低利率所困擾的國內存款，加速轉移至海外；再加上，體質較差的金融機構倒閉所造成的金融不安，又引起存款的擠兌現象，使得國內金融機構的資金空洞化日趨明顯。

又加上，股金溢價（對日本課徵的追加利率）和日本銀行的地位下降，對於日本銀行向國際市場調度資金行動產生阻礙。

美國的目標非常明確。其企圖將沉睡中的日本所無法運用的一千兩百二十兆日圓移到美國，或是將其移動至美元圈內，如此即可利用這筆資金來控制日本的金融機構。

但是，日本政府竟然沒有對抗美國的戰略，反而向其「看齊」，持續地採取如同美國合眾國權益保證機關一般的政策。

日本特權金融機構的不良債權化已經到達犯罪地步，此處不須廢言。但是，其以超低的存款利率政策迫使國民付出犧牲，而保留（隱藏）了低成本在海外投資所獲取的利益，這種降低國家內部利益的行為未免也太過分了。

既然如此，國民自己除了保護自己的財產之外，恐怕別無他法。

以海外投資國的主權來保護財產

那麼，使你變成隱形人的海外投資國，到底是使用了什麼樣的退色劑，消除不方便的地方，進而使你變成隱形人的。

大部分的海外投資國是兩萬到十萬人口的小國家，和美國、日本的大型轟炸機不同，其好比是小型戰鬥機一般，可以靈活地向上下左右移動。

海外投資國會確實地實行必要事項的法制化和不必要法制的廢除。而不論立法或廢除法律在日本都必須花費好幾年的時間，並且難以進行。然而，海外投資國和其他大國相同，都擁有主權。

如果一個國家擁有主權，其他國家必須尊重其法律，並且不可加以侵犯和干涉，這一點非常重要。

其實，海外投資國是非常小的國家，但是可以活用其主權，將處於規範制度和監視中、陷入不自由的你和你「寶貴的資產」，獲得保證性的自由。所以這是讓你在社會中準備成為成功的大資本家的必要法則，待你運用。

前文曾經提及海外投資國是小國，而瑞士、保加利亞、盧森堡三國除外。這三國和其他海外投資小國不同，已經擁有幾百年的歷史。

海外投資國分布於全世界，例如，在美國周邊的海外投資國有百慕達、英屬維爾京群島、巴哈馬，在加勒比海周邊的海外投資國有凱曼島、尼維斯、安地瓜等小國家。其他的海外投資國還分布於英國自治領土的曼島，海峽群島的戛西、根息，還有歐洲的瑞士、保加利亞、盧森堡，以及太平洋區域的新加坡和香港等等。

近年來，以海外投資國的名義新成立的國家有直布羅陀、科克島、百里斯、瓦納茲、塔克司島，還有由我擔任國會顧問的帛琉等等。當然這些新的海外投資國比其他先進國，制定了更積極和更具魅力的海外投資法，以此來招集更多的國際資金。

本來，海外投資是為了增進國家本身的經濟發展，誘引外國金融機構的良善條件，並將外國資金集中到國家內部的國家政策。

為了維持央大國的國體，不得不限制其自由。但是，海外投資小國卻以自由和隱私權為賣點，以獲得更龐大的資金。

如果你在自己國家因某件民事訴訟敗訴，判決賠償；你在自己的國家因為沒有任何財產而無法支付，這時對方的律師、檢察官和法官懷疑你在海外投資國中隱藏了財產，進而要求海外投資國提供情報資訊，但是，海外投資國不會公布你的資料。

依據海外投資國的秘密保持法和信託法，海外投資國不會將你的銀行戶頭和財產信託等等一切告訴其他不相關的人。

因為海外投資國是獲得國際承認的獨立國，所以任何國家都必須尊重其法律。如此般和世界保持直接的互動，進而了解世界經濟是理所當然的。這也就是成為隱形人的意思。

稅捐處和法院所無法了解的財產行動

下文將介紹海外投資國如何保全你的財產和資金，如何在國稅、法院等債權者的阻礙下，合法地保護你最多的財產。

將海外投資的法律基礎稱為「海外投資制度」，海外投資制度會完全保全你所有的財產和資金的理由有二：一是其強力地保護經濟的隱私權；二是擁有對應外國壓力的保護顧客法律制度。

如果你在自己國家或美國境內因某件民事訴訟敗訴，接受賠償的判決，依據你的宣誓（不撒謊）而被明確地指示公開你的海外投資之財產。即使你拒絕其要求，你也不會被判決偽證罪、侮辱法庭罪、隱滅證據罪等等。在這種情形之下，沒有被設定不利於自己回答的問題，其原則也是如此。

如前文所述，在海外投資國保護你的財產和資金之下，你已經變成隱形人了。日本人之財產屬於日本國籍，而海外投資國不受日本法律上所限制。

首先，我們先來透徹地了解判決的基礎。為了使你成為海外投資國的審判被告，將必須先證明出你的國籍、居住地、姓名和職業等等，也就是你必須被自己國家的法律所承認。

當你的海外投資資產在國內發生問題的時候，當然必須由國家的法律承認你自己本身和債權者所追查的海外投資資產。

如果資產已經加以信託時，則坦誠說明信託者的證言即可。根據以海外投資國主權的海外投資法，海外投資國會證明，法定資產非你所有。

但是，日本的稅法中有所謂「視同」的專制國家性強權，認定「無論名義是任何人所擁有，都視同為你的資產」。

假設如此被視同，但是資產在日本的國家權力所不及之處，所以你的資產不可能受傷或喪失。理解這一點是非常重要的。

如果日本司法使用任何國家主權，則海外投資國的主權（司法）會保護你的財產，因此，事實上你的資產不會被扣押或查封。

無論海外投資在那裡，都以保護你的隱私權為第一目的。所以，在海外投資國的審判中要公開你的秘密情報，幾乎是不可能的。

從一九九八年四月開始，在世界中任何一地匯款都可以，而且其數額不受限制；首先，在香港辦理自己的存款戶頭和信託戶頭來加以匯款的方法，就是外匯交易（海外對海外的交易），其內容受到國家權力所控制。

同時，海外對海外進行匯款的領取者之海外投資公司與你的關係，在法律上應該斷絕。事實上你是老闆，但在法律上你並非股東或幹部，難以證明你是幕後的老闆。

由於如此，從日本移動你的資金財產到海外投資國，即是確保資產安全的第一步。

雖然，日本政府拒絕解禁外匯的同時，對於外匯設有外匯銀行必須義務提供兩百萬日圓以上的海外匯款情報，但是這對於海外對海外的交易完全無任何效果。

即使陷入官司能完全保護財產的方法

下文將更詳細地報導，關於保護財產和資金的方法。

在海外投資國中，有被你所信託的被信託人，而海外投資國主權對外會強力保護被信託人，這意味著取代你、加強保護你所獲得的財產資金。

如果被外國或國際機關（包括聯合國）要求的時候，海外投資的法律比起任何國內法更加重視保持信託契約的秘密，並以此為優先。

若依據海外投資國的秘密保護法，在日本境內的債權者、檢察官或法官完全無法得到你的情報；因此，日本可能將你的訴訟案件轉移至海外投資國的法院，意味著在海外投資國的法院中審判。

可是，對於這一點，海外投資國可就下列兩點來保護你。

其一是海外投資國不接受他國法院所認定的證據；其二是多半海外投資國的案件期

限是兩年。

海外投資國不接受他國法院所認定的證據，即意味著原告向海外投資國法院提出訴訟，但是，海外投資國不承認在日本或美國所進行的審判過程，所以，法案的審理必須重新開始。

雖然原告在自己國家境內已經獲得判決，而且耗費相當長久的時間，但是仍然得花費同樣長久的時間。然而，你還是具有控訴的權利。

國內審判過程加上在海外投資國的審判過程，已經超過兩年的時效。在海外投資國的秘密保護法和判決法上，以你為對象來加以審判的機會根本不可能存在。

另一方面，我們來談談可能發生的問題。

那就是原告對於懷疑保護國民財產資金的海外投資國提出告訴。

但是，通常這種情況所耗費的訴訟金額一定非常龐大，同時如果沒有國際輿論或壓力作為後盾，無法想像海外投資國會在自國法律中遭到敗訴。

不論訴訟金額多麼龐大，除了資金逃避到海外投資國而節稅的金額可能引起世界市場暴跌，或使一個國家露出危機之外，絕對不會引起任何問題。

其實，如果想以海外投資國為對象來進行告訴的話，則原告必須先準備好海外投資國反告訴所必須支付的損害賠償金。因此，結論是想以海外投資國為對象來進行告訴的現象，在現實生活中不可能會發生。

無論在日本或美國境內如果發生訴訟案件，則被告的財產轉移被視為移動財產，無法脫離法律追訴。但是，在大多數的海外投資國中，被信託人知道信託人受到訴訟事件之後，馬上將信託人的財產資金轉移至另一個行政區，雖然違法，但是原告永遠找不到被告的財產資金。

如此般的，海外投資國是你可以信賴的靠山，並且其絕對不會變成國家政府的靠山。如果，國家政府以法律上來防止海外投資國這個漏洞，此時海外投資國會尋找出另一個漏洞來立法脫身。

這種情況可以說是捉迷藏的型態，因為海外投資國會保護著你。

保護財產的海外投資制度

接下來，我們來談一談海外投資信託的問題。

因為海外投資國的不同，所以對於信託所稱呼的名稱也相異。但是，基本上海外投資信託的種類有資產保護信託（The Asset Protection Trust）、國際信託（International

Trust）和對債權者保護信託（The Creditor-Protection Trust）。

信託的概念據說要回溯到希臘羅馬時代，在中世紀的德國和法國就已經有類似的法律，在伊斯蘭法典的基本法中也有相同的規定。

中世紀的英國為了逃避國王所課徵的財產繼承稅所使用的法律手段就是信託制度。此後，信託法概念和制度廣泛地展開。

信託通常是由三者以上的關係人所立契約為構成基礎的法律型態。此三者是信託人（Grantor，信託財產者）、被信託人（Trustee，被信託財產者）和受益者（Beneficiary）三者。

信託人確定好信託契約之後，開設信託戶頭，並且投入資金和財產。被信託人成為資金財產的法定名義人，順著信託法的信託契約加以運用、管理。受益者則是依據信託契約由信託者的戶頭中接受財產資金。這就是信託關係的基本概念。

然而，財產提供者可以一個人擔任好幾種角色。

譬如：可以擔任信託人以確立信託，也可以擔任被信託人或受益者。這方法是為了避免財產被法定繼承人繼承的方法。

但是，為了躲避稅金的方法必須要三者由不同人來擔任才行。信託人為納稅義務人的角色，而法定名義人必須設定為非信託人的被信託人，這在後面的文章中有極為詳細的說明。但是，事實上被信託人和受益者是在信託人的控制之下。

權利和義務是表裡關係。納稅和其他義務都是因為權利所衍生。相反地，沒有權利就不會產生義務，這就是法律的原則。

海外投資信託是依據擁有財產者對於其財產的自由裁量權（自由處理財產的權利）加以百分之百地消除，藉以回避財產家對於稅款的義務，這是海外投資的特殊制度。

如果確立了信託，則信託擁有如公司（法人）一般的人格，進而採取行動。如同公司有其名稱，信託也會有其名稱，也可以像法人一般在銀行中開立戶頭，也可以進行一切經濟活動。

由於信託人將對於財產的自由裁量權讓渡於被信託人，因此對於財產就喪失的納稅的義務，由被信託人全權管理及運用這筆財產。

法律上，信託人對於財產喪失了一切權限，而納稅的義務也會消失。再加上，財產的所有者名稱變更為信託名稱，因此，你的名字會從正式的記錄中消失。

然而，你可以成為財產運用的顧問，也可以任命專家為顧問。同時，受益者可以任命保護者，對被信託人加以監視。

如果被信託人忽略了信託人所任命的顧問建議，信託人可以開除保護者。如此巧妙地運用專家顧問和保護者的角色，可以使信託人（財產擁有者又財產託管者）可以自由地管理自己的財產資金。

因此，信託人依據信託契約上仍然擁有對自身財產的自由裁量權，但是在法律上卻完全沒有所謂的納稅之義務。

依靠「資產保護信託」來保護財產的秘密技巧

信託又分為可以取消的可取消信託（Revocable Trust），以及不可以取消的不可取消信託（Irrevocable Trust）。

所謂可取消信託，是信託人可依照喜好，恣意地變更信託契約的內容，例如：信託人可以任命自己成為被信託人並自由管理信託財產，但會喪失節稅的優惠措施。

另一方面，不可取消信託則是一旦建立信託，就無法更改信託契約的內容。信託人成為被信託人的信託人信託，其財產名義變更可以得到保護的效果，但是因為對於財產擁有自由裁量權，所以也產生了義務（納稅）。

非信託人的信託（第三者成為被信託人）屬於不可取消信託，信託人不能取消對財產的自由裁量權，所以同時擁有財產保護和節稅的兩項恩典。這種非信託人信託為不可取消信託，被信託人得由非本國人來擔任才可以。同時，信託人和信託人的配偶至死都無法得到對財產的移動權和處分權，財產必須交給信託契約中所規定的受益者。這也就是「資產保護信託」。

資產保護信託的重點，在於信託人和法律上的財產所有權鎖鍊完全斷絕，關於這一方面的問題，在大多數的海外投資國的資產信託法中，都有極為詳盡的記載。

資產信託法，別名為被信託人的「自由裁量信託」，關於信託財產和資金的分配、移動、運用等等，被信託人擁有極大的自由裁量權。

同時，受益者沒有任何法理根據可供依憑，並無受益權，其完全受到被信託人的裁量；所以，雖然是將來的受益者、預定者，但是並非權利者。

當信託人將自己的信託（讓渡）取回（信託財產的復權），則必須獲得被信託人的認同；因此，債權者和法院無法追查這些財產。

但是，如果是由擔任債務者的信託人同時擔任受益者時，則會產生若干問題。

譬如：同一人擔任信託人和受益者的債務者面臨其財產被宣告破產，雖然他在法律上並沒有受益權，但是他有預定者的身份，所以法院可以查封此信託人所擁有的受益者之裁量權。

避免此危險的方法是，受益者不只指定一個人，可以增加至兩人或三人。

如果被信託人的裁量權只對應債務者一個人時，法院就可以加以查封；但是，在有第三者的情況之中，被信託人擁有將一切利益給與預定的債務者以外的其他受益者。因此，法院無法對於與債務者毫無關係的第三者、被信託人的權限加以查封。

法律上的解釋是受益者對於信託所得的權利非受益權，而只不過是擁有對信託的期待與預定。期待者和預定者無法成為法院查封的對象，而在充分運用保全財產的原則之下，因此可以將受益者人數設定為複數。

信託人可以如意地控制信託

就不可取消信託而言，更重要的問題在於信託人必須放棄信託的取消權（解消信託契約的權利）。

如果信託人擁有取消權，則當信託人破產的時候，在法院所任命的代替財產管理者可以代替取消信託；如此一來，信託人的自由裁量權就會被消滅，而被信託人的財產會被查封。

關於被信託人也有相同的問題，信託人可以同時兼任被信託人；但是，請勿一個人來擔任，可以設定共同的信託人。

雖然，設立了共同信託人，但是在自己自身發生問題之前，事實上你可以處於被信託人的立場百分之百地控制信託財產。如果發生了問題或是已經發生問題，便可以馬上將被信託人的職務辭去。

最重要的是，千萬不要選擇同一國籍的人，換言之，就是以其他國籍的人來擔任共同被信託人。因此，你的被信託人必須是對於財產不會引發任何問題的外籍人士。

同時，因為他是信託財產的對象，所以必須是十分值得信賴的人或專家（辯護律師、國家會計師）。

那可以選擇外國銀行、信託專業公司或信託專業辯護等，值得信賴的人來擔任被信託人；因此必須請國內的顧問來加以選擇，才是最聰明的方法。

對於海外投資國來說，被信託人的信賴度如同國家生命一般；因為一旦被信託人喪失信賴度，便會喪失海外投資國的本身魅力，除了金融機構、信託財產、海外投資公司會全部撤資之外，連資金本身也難以再集中於海外投資公司。

由於如此，在海外投資國中，對於被信託人的資格標準和罰則特別地嚴厲；所以，大多數的海外投資國，對於過去並沒有發生任何差錯非常自誇。

雖然如此，有時信託人會對被信託人感到不滿意。在這種情況之下，擔任信託人的你可以透過你所選擇的受益者，來解任被信託人。

雖然，被信託人擁有自由裁量權，但是，受益者可以透過自己所選擇的保護者來解任被信託人。事實上，信託人可以利用此權限和其所任命的資產運用顧問，來支配被信託人。

關於信託財產的投資與運用問題，可以設立專家們所組成的顧問委員會，由信託人來擔任委員會委員長，透過被信託人來間接控制資產的運用。

如果在委員會中，委員長和信託人的意見相反時，在法律上並無法強制被信託人。因為被信託人的裁量權有存在的絕對必要性。

但是，受益者卻可以透過保護者來解任被信託人，重新任命順從的被信託人。同時，信託人可以增減受益者的人數，所以可以排除不想讓渡財產的被信託人。

接下來，我們來說明何謂保護者。顧名思義，保護者即保護受益者，保護者是受益者的人；雖然保護者無法控制被信託人的財產決定，但是擁有對其決定的否決權。

由於如此，身為信託人的你，無法擁有自由運用你的信託財產的權限，可是如果巧妙地運用顧問委員會的保護者制度，實際上，可以由自己本身來管理和運用自己的信託財產。

對應任何事務的信託活用術

可以信託於資產保護信託的財產，限定於有移動可能性的財產，其包括了現金、有價證券、外國債券等金融證券與珍貴的金屬等等。物資財產方面的原則是，實際上得由國內運出才行。

自己國內的不動產、國家行政管理下的證券（票據等），即使信託於海外投資國，仍然無法避免國內法院和稅務署的追查與查封，因為裁決是在於國內行政所進行的。

那麼，不動產和國內證券（票據等）該如何是好呢？

其實，這個問題非常地簡單。因為將不動產和國內證券進行擔保，則信託會給予身為借貸人的你一筆貸款額，而其貸款額會設定在擔保價值的上限。其實，以此方式借來的資金、匯款其實都是來自你海外投資公司的戶頭之中。

在你所進行的信託事務之中，除非你是擔任被信託人或受益者，否則國家法院無法命令你將海外投資的財產以國內法律管束。

如果你不順從其公開信託財產的命令，法院也無法處置你法庭侮辱罪，因為你完全不擁有將海外投資公司的財產帶回國家的權限。

除此之外，海外投資的資產保護信託的應用範圍無太大限制，是可以對應一切事務的活用方法。

接下來，介紹其活用法。

1. 將國內的不動產進行海外投資信託

國內的不動產無法進行直接的信託，但是可以依據信託貸入款項（信託前是自己的財產），而後續動作是以國內的不動產擔保以借錢，將不動產設定了第一抵押權。如果採取這種方法，則事實上是使用自己的金錢，並且可以保護國內的不動產（如果債權人對其不動產採取查封手段，其只能成為第二抵押權）。

2. 將國內不動產的轉讓利益課稅延後

由信託借入現金，再以國內不動產的買賣所得利益來還清債款；由於如此，在國內會成為被課稅的對象。所以，如果將轉讓利益移轉給信託管理，在你死亡或信託消失之前，無須支付國內的讓渡稅。

3. 應收票據之信託

日本的票據並沒有所謂的信託制度，但是可以便宜地賣給信託。將你的應收票據便宜地賣給信託（高額貼現），則你的收入利益會被壓縮，投入信託的利益（信託的購買價格以及出票人所領取的金額之差額）會延到死亡以後。

4. 高利率公司債、金融商品的利息和分紅之課稅時間得以延後

將所有的金融商品做為將來年金的積存金，加以信託；和信託之間建立契約，到自己死亡為止，支付給自己、配偶和孩子一定的金額。利用此方法債權人無法干預個人積存年金的金融商品；等到價值上漲時可以加以轉移，交由信託管理；如此一來，對於你的資產課稅會減少，以及因價值上漲所得的漲價受益（帳外利益）的課稅，在信託中得以延後。

SWISS PLUS就是年金信託聞名，在瑞士，以年金信託的保護最為先進。

製造物責任（PL）和海外投資公司

如果您從事於製造業，應該將製造工廠轉變為海外投資公司來進行檢討。

油輪遭遇海難的時候，經常會聽到新聞播報提到「巴拿馬籍油輪……」，本來以為巴拿馬籍油輪和我們沒有絲毫關係，但是由於內載乘客和船員是本國國籍，所以覺得非

常驚訝。

因為這就是巴拿馬海外投資公司的油輪的關係，因為投入海外投資公司，可以免除資產稅，而獲得龐大的利益，所以才會有這種問題。

同理可知，將公司或製造商品的國籍改為海外投資的利益則難以計算。

如果將製造工廠以海外投資公司的思考模式來進行思考，將販賣廠商設置於國內，而處於無資產的狀態，資本和海外投資公司沒有關係時，無須負起任何責任。

你也必須開始防備由國內開始的「訴訟時代」。

你的財產可以巧妙地運用海外投資信託、海外投資公司和海外投資銀行，也可得以保護。這就是美國人所說的「悠閒」作風。

選擇海外投資國的十大重點

海外投資國有宣傳自身的魅力，其共通點非常多，但是個別有其所強調的重點。由於如此，為了達成自己的目的，請勿只參加一個海外投資國，最好組合幾個國家。

同時，海外投資國為了有利於與他國的競爭，非常熱衷於法律的修正，也許今天某一個海外投資國最能夠保持秘密，但是到了明天，可能是另一個海外投資國最適合保持秘密。

如果沒有蒐集各海外投資國的優惠情報或每天的新情報，將無法使自己的海外投資國最為完美。選擇海外投資國的十大重點，如下：

1. 租稅制度

世界中湧向海外投資國的大部分資金，以逃避國內稅款為主要目的，所以海外投資國的魅力之一就是低稅率含無稅制度。

因此，各國海外投資國為了集中更多高稅率國家的資金，競相採取優惠措施。雖然，海外投資國對國內的人民加以課徵稅款；但是，對於將國籍設置於此甚至其他國家經營事業的外國人和企業，卻適用其國民的低稅率或無稅制度。大多數的海外投資國對於外國人或企業採取優惠措施，只徵收非常廉價的年度登錄稅（約兩百至七百美元）。

2. 租稅條約

日本和世界主要的四十一個國家締結了租稅條約，依據此條約可以避免國際間的雙重課稅問題；但是，依靠情報交換，課稅情報會被課稅當局所掌握，這是不利於我們的因素。

對於外國企業不課稅的海外投資國，因為沒有締結國際租稅條約的必要，所以不需要提供租稅情報給日本或美國。因此，和日本締結了國際租稅條約的海外投資國是極為少數。

海外投資國中，和日本締結有國際租稅條約的國家有新加坡、馬來西亞、菲律賓、愛爾蘭、瑞士、奧地利、盧森堡等。

3. 貨幣制度

有些國家嚴格限制貨幣的流動，所以要特別地留意。其中又以加拿大、俄國和香港三國的貨幣流動限制較為嚴格。

4. 政治和經濟的安定性

政治安定和經濟安定有其相互關係，只有一方面安定，仍無法令人安心。當然，海外投資國有時候也會陷入政情不安的局面。

巴拿馬是歷史最為健全的海外投資國，但是諾艾嘉的出現導致了不安定；因此，多半的顧客、投資家、信託財產家都轉移至巴拿馬。雖然，墨西哥可說是安定的國家，但是NAFTA（北美自由貿易協定）的成立，進而和美國之間建立了情報交換協定，所以在保守秘密上出現了極大的問題。

瑞士、盧森堡和日本也締結了租稅條約，所以已經不再適合進行海外投資。總而言之，目前暫且還及格的是英國領地戛西、巴哈馬、凱曼島、凱吏司道、直布羅陀等海外投資國。

5. 法律制度

一般而言，採用英國聯邦法（Common Law）的海外投資國是值得推薦的，聯邦法的基本特徵是重視隱私權、保持秘密、基本人權；在採行聯邦法的海外投資國中，成立法人的手續非常簡單，成立費用也非常便宜。

6. 隱私權的保護

保護隱私權是海外投資公司的基本任務。

以保護隱私權為主的國家，依據法律體制，必須禁止對銀行洩露任何存款者的情報。但是，因為海外投資國的不同，對於保護隱私權的規定則有所不同，所以必須相當注意。

但是，隱私權是海外投資國的基礎主幹，因此和美國締結租稅條約的國家就不適合進行海外投資；也就是說，瑞士不適合進行海外投資。

7. 資產保護

能保護自己的資產不因為國內的判決、訴訟、租稅、離婚訴訟、破產等問題加以干擾，這也是海外投資國的基本功能。

多半的海外投資國都成立了「資產保護信託法」，海外投資法院必須確認日本判決是否無誤，但是必須在短暫的有效時期之內（兩年即可）。

8. 投資機會

在世界的投資市場之中，海外投資國佔了非常重要的地位。

海外投資必須準備好投資的行政法規方面、低稅率或無稅制度、情報蒐集、保持秘密的條件，才能吸引世界各國的資金。

海外投資國中充滿了創意性的商品、債券、智慧財產權的販賣等等，特殊的投資機會，在海外投資國中有國內所沒有的投資環境，所以我們可以參觀看看。

9. 銀行服務

海外投資銀行有世界重要銀行的分行、獨立系統的投資專業銀行和私人銀行等等，各自進行有特色的服務。但是，要確認銀行的實際業績、評判、責任者的人格。

10. 經濟環境

選擇海外投資國地點是非常重要的；但是，實際上的銀行交易和信託都是運用電信來加以處理，因此選擇地點時應該更加重視其時間差和經濟基本建設。

海外投資信託的成立費用和時間因國家而異，所以應該充分比較。一般而言，以日本四十至五十萬日圓的情形，在兩週之間即可成立。

海外投資國對於觀光資源的開發相當的熱衷，想以自然美吸引國際的投資家，這一點相當有趣。

最好的資產管理是活用海外投資銀行

所謂的海外投資銀行，指的是在海外投資國的銀行；和海外投資公司相同，擁有很多優惠和保護秘密的法律保證。

其服務方式和海外投資公司相同，只限定海外投資國國外的服務。但是，海外投資銀行的成立比較容易取得營業免稅。

一般的海外投資國只積存了五十萬美元的資本金，可以在短期中完成審查（約三個月），而海外投資銀行可以開始營業。

對於在海外投資銀行的存款者而言，依據海外投資的法律能保護隱私權；因此可以和資產保護信託併用，資產保護的相乘效果非常大。

最佳的資產保護的方法，就是你自身必須是海外投資銀行的老闆。

將資金和可以移動的資產積存於海外投資銀行，和其他存款者的存款一起成為一般性戶頭（General Account），所以一切都成為存款者所寄存的資產帳目。因此，外界無法判定你的資產；海外投資銀行將一般性戶頭中的資金進行多元性投資，外界則無法判定何種投資是你的資產。

你的投資活動在海外投資銀行廣泛的金融投資活動，無法被辨認。

海外投資銀行和海外投資信託相同，可以藉由法律來保護秘密；所以，一旦日本或美國的法院提出要求公開情報，也不須加以回應。

將你的資產信託給資產保護信託，運用你所擁有海外投資銀行才是最好的方法；因此，還可以讓海外投資銀行變成被信託人所有。因為在這個世界之中最能相信的人是自己，因此次於生命的財產大事應該寄存在「自己的銀行」。

可信賴之海外投資銀行的條件

選擇海外投資銀行和選擇海外投資國相同，都非常的重要。而海外投資國有兩種銀行。

一種是美國、英國、瑞士系統的大銀行，美國系統的銀行有美國銀行、花旗銀行，英國系統的銀行有巴克萊銀行、西敏銀行，瑞士系統的銀行有瑞士銀行、克雷地銀行和UBS銀行。

另外，海外投資國中還有很多私人銀行（特殊的、有特定顧客的專業銀行），他們不會進行宣傳，各自有其書寫銀行名稱的小招牌，此銀行如小型的律師事務所。

這種私人銀行並沒有進行年度預算報告的義務，同時必須完全保守秘密；如前文所述，你選擇那一種銀行呢！

首先，以選擇銀行的種類為重點，並了解自己的目的。接下來，再了解海外投資銀行的運用方法。

為了將資金轉移到海外投資，並且確定資本安全和秘密保持，既想獲得高度利益又想節稅，就必須選擇可信用又安全的銀行。

同時，對你的服務方式不是對於「一般大眾」，而必須是優惠才行。

這就是私人銀行的重要性，並已經漸漸浮出檯面；於後文中有關於私人銀行的詳細說明，但是在此必須先說明如何選擇海外投資銀行。

今日，在海外投資的世界之中，必須先確定銀行力的檢查基準（自我資本比例的BIS基準）。但是，一般而言必須確認三大因素，此三大因素即是資本金的資產總額、持續時間和損益計算書。

同時，最低限度必須擁有服務項目。

- 現金貸款服務（以信用卡領出現金）
- 寄存存款可簡易地提出
- 郵政服務迅速
- 交易指示容易以電話或傳真達成
- 有發行主要世界貨幣的支票簿
- 使用國際現金卡（領出現金的卡）
- 一般存款和活期存款的資金交換，以電話往來即可處理
- 利息能和世界產生互動（非固定的利息，而是可變動的利息）
- 在世界的各個主要都市中有其分行和合作銀行

其服務項目大致如此，但是更重要的是，勿選擇日系或美系的銀行。

因為日本和美國締結有租稅條約，所以和美國ＩＲＳ（Internal Revenue Service 相當於日本的國稅局）有交換國稅情報的協定，而你的情報會被完全公開。

關於海外投資銀行國的選擇

關於海外投資銀行國的選擇，一般而言並沒有最適合的海外投資國。每個海外投資國有其共同的優惠和相異的獨特優惠。依據自己本身的判斷最安全者和利益最多者，可以只選一家銀行，也可以選擇多家銀行。

就重視隱私權而言，塔克司、科克島、百里斯、凱曼島和巴拿馬等銀行最不怕美國方面的調查，因此對於日本的稅款問題也不必擔心。由於如此，美國人的海外投資戶頭大部份都集中在這些國家。

丹麥、奧地利利息高、安全度高，但是保持秘密這一點比科克島和凱曼島差。

蘇格蘭和曼島的利息最高，但是在保護隱私權方面曼島比其他海外投資國還差。

免稅國家有巴哈馬、凱曼島、塔克司、科克島、瓦納茲等國，而低稅款的國家有巴林、百慕達、英國領地維爾京島、海峽群島、香港、利比里亞、利支敦斯敦、墨那哥、蒙斯拿和巴拿馬等國。

就銀行情報的秘密情報方面，表現最優秀的國家是巴哈馬、巴林、百慕達、英國領地維爾京島、凱曼島、海峽群島、香港、巴拿馬和新加坡等國。但是我們必須尋求適合的運用方法。

瑞士銀行常年來保有隱私權保密的好名聲。但是，近年來其公布了菲律賓馬可仕總統的資產總額，所以銀行的信用掃地。

同時，其他的海外投資國都準備了，並且強化了海外投資銀行法，在稅務上提供優惠措施，所以瑞士開始落後於其他國家。

曾經成為瑞士銀行最大特徵的號碼戶頭（Number Account 無戶頭名稱，只採用秘密號碼）已經成為海外投資國的基本常識。

瑞士銀行會對嫌疑罪犯、破產和繼承問題進行情報公開。這在其他的海外投資國中不可能會發生。

瑞士銀行的秘密保持，已經成為過去的神話。

在海外投資銀行開立戶頭的方法

在海外投資銀行開立戶頭並非難事。可先以郵件取得的方式獲取申請書，並書寫下必要事項，簽名後寄回即可；但大多數為了證實本人身份的情況之下，必須寄出護照影印本。

但是，設立秘密戶頭或巨額存款等情況之下，委託國內的海外投資專業顧問辦理較為理想。因為和國內的情況不同，而存款的種類相當多，所以非常需要具備某種程度以上的專業知識。

其主要戶頭，介紹如下：

- ●Deposit Account——和日本的一般存款相同，但是領出存款之前必須事先通知。
- ●Current Account——此和日本的活期存款相同。為了保持秘密就不應該使用海外投資戶頭的支票，實際上也不需要。
- ●Saving Account——一般存款。這又比一般存款的利率還高。
- ●Investment Saving Account——其利率比一般存款還高。
- ●Custodial Account——好像將金錢保險箱的一般型態，但是管理各種投資（如：股票）的資金出入
- ●Cash Bond——定期存款
- ●Eurocurrency Account——能以各種的外國貨幣存款的戶頭

無論如何，海外投資銀行戶頭的特色在於利率和秘密的保持。換句話說，就是日本、美國和瑞士已經完全沒有保持秘密的私人銀行。

海外投資銀行在利率和運用實際業績方面都極為超群，尤其是個人服務和私人銀行都相同。

海外投資銀行戶頭的存款和利息成為海外所得，所以有向國內稅務當局報告的義務（美國方面是一萬美元以下，日本方面是一百萬日圓以下沒有義務）。但是，海外投資銀行戶頭的名義人對於海外投資公司在法律上沒有支配權，所以並沒有對日本和美國報告的義務。

自己擁有海外投資銀行的方法

想要百分之百保持秘密和隱私權的方法就是擁有自己的海外投資銀行，也就是成為海外投資銀行的股東，在自己的銀行中擁有戶頭。

也許在國內這種方法並不普遍，但是歐美方面的的大富豪幾乎都擁有自己或家族的私人海外投資銀行。在海外擁有私人的海外投資銀行並不困難，但是成立新銀行比購買既有銀行更加便宜的情形非常多。

為什麼富豪們要購買這些海外投資銀行呢？

基本上是為了要逃避租金，所以特別將自己的資金遠離自己，轉移至海外投資公司或信託之中，使國內和美國不進行稅款的徵收。所以，想要百分之百保持秘密和隱私權的方法就是擁有自己的海外投資銀行。

如果擁有屬於自己的海外投資銀行，則如前文所述，你的資金在銀行全部戶頭中和其他人的資金一起被總和起來，所以你的資金不可能與你獨自分離；除非沒有他人資金的進入，否則原則上銀行的總和戶頭並非為個人所有的資產。

因此，你的資金不會被特定，理所當然不會被課稅；加上海外投資國對於一切利益不會徵收稅款，所以你的銀行只要每年向海外投資國方面支付一些執照登錄稅而已。

海外投資銀行、海外投資公司，可以避免國內的租稅特別措施法所規定的特定海外子公司的納稅責任。

法律上所謂的特定海外子公司，亦即其租稅為百分之二十五以下的海外投資（免稅樂園）總公司於國內的國外相關企業（在國內擁有超過百分之五十的股份），或是個人擁有股份百分之五以上的外國企業。

特定海外子公司的處理或未處理之所得都成為全額課稅的對象，配合持有股份的比例加以徵收稅款；因此，擁有海外投資銀行或海外投資公司，都是適用於特定海外子公司的好方法。因此，將國內的股份降低到百分之五十以下，而國外企業的股份降低到百分之五以下最好。

以海外投資獲得成功的秘訣

了解海外投資的概念之後，接下來將說明活用海外投資的方法。

如果你沒有進行海外投資的經驗，在新的開始之前必須充分了解「細心注意」。

在海外投資的過程中也有陷阱、障礙和伴隨而來的困難；但是，任何問題只要具備下列的基本條件就可以解決。

1. 仔細了解海外投資對自己的好處

觀察各海外投資國的優惠，就好像在夢中的世界一般，但是令人難以放心的是，將自己的財產寄託在遠方的小國家。

過去靈活運用海外投資而獲得成功的人，最初都因為不安而猶豫不決過。但是，學習過海外投資之後，無法克服自己心中的不安時，恐怕就沒有大作為。

獲得成功者是沒有被不安擊倒的人，其依據些許的資金，不焦急且慎重地出發。一切相反的是，太過輕忽而對海外投資評價過高，以為國內所有的問題都可以以海外投資來解決，進而不顧一切地加以投資的人，都會遭致失敗。

所以，必須與詳知海外投資和國際稅制的專家、稅務士及國家會計師商量，才可以消除不必要的不安。由自己本身去說明或依賴專家的說明，無論如何都必須讓家族全員都接受，才可以安心地進行挑戰。

2. 確認目的

你想藉由海外投資制度來達成何種目的？如果不加以確定目標，就無法選擇適當的海外投資國。

是否節稅、保護資產、隱藏秘密或隱私權、高利率或高流動利潤、分配財產進行安全投資或無稅繼承等。如果目的多元，得先排列出其優先順序，以明確指出何種目的最重要。如果以資產保護為重點，為了保護資產而稅務優惠會犧牲到怎麼樣的程度。

如果自己無法明確化目的和其優先順序，必然容易選擇錯誤。所以，對自己的現狀和未來進行分析，是為了避免在海外投資的入口就已經迷路。

3. 自我學習

海外投資的基本學習是由自己來加以實踐，可以找尋因為海外投資的成功者，來聽聽他們的經驗，或者可以詢問其如何讀取海外投資的相關新情報或海外投資國法律變更的新資訊；最好的方法就是設立一個海外投資的研究伙伴。

海外投資銀行的資訊情報在國內的銀行內容宣傳上受到相當大的限制，所以沒有任何海外投資銀行的情報；自己應該更積極地參加研究小組，由國際金融情報直接入手。

4. 尋找專家顧問

無論經驗多麼豐富，都必須獲得海外投資界業者的協助。顧問的人格正直、學問廣博，並且其在海外投資國和海外投資金融界備受肯定。

適合的顧問必須具備下列的條件：

①必須是海外投資方面的專家。例如：擅長於海外投資的專業律師、國家會計師。在海外投資交易過程中需要豐富的法律常識和稅務常識，因此，有無擔任顧問的資格變得相當重要。

②有經驗者。在海外投資業界必須擁有經驗為必要條件，例如：海外投資銀行的經營者為最佳人選，或者是具有遭遇多次問題的經驗者最為理想。

③保有世界情報網路的人。顧問的好壞在於其有無世界情報的網路，其和海外投資界的關鍵人物、政界、經濟界有無密切地連絡，因為如此一來在於各個層面都有可能獲得利益。

④目的、志向和能力。顧問必須擁有目的、志向和能力，擁有獨自擬定海外投資企

劃和付諸實行的創造力和能力。這種海外投資顧問在國內和海外乃擔任不同的角色。

明確的目的

當然，還必須注意下列幾個問題。

1. 海外投資戰略與經濟計畫

如果將海外投資戰略運用於自己人生中的經濟規畫，必須包含自己死亡和繼承的問題，所以，以海外投資制度來思考家族的未來計畫，並且調和日本和海外投資國兩方面。

2. 現場調查

請勿只依靠自己的知識來進行判斷，應該到現場進行考察才是，去接觸這個國家的政治、經濟、文化和習慣是非常重要的。同時可以認識很多種職業人士，如：銀行行員、律師、專業會計師、投資顧問、基金管理員等等。

事前必須保持某程度的相互關係，並且獲得值得信賴的好嚮導。

同時，不能只以海外投資國的外觀來進行判斷。問題關鍵應該在於其可以保證自己信託財產的安全、隱私權、節稅、流通利潤等海外投資制度、海外投資國的金融機關與法律可否充分保護自己等等問題，這些必須仔細考察，不可以只見其外觀就下定論，因此必須從中加以了解。

3. 勇氣

對於海外投資國產生興趣，又努力學習的美國投資家之中，約百分之四十在實際上進行投資（一九九六年），有六成以上的人以恐怖、擔心和麻煩等理由退縮。但是，其中四成的人都以小心為出發點，在海外投資國全力以赴。

其問題在於，投資家本身有無犧牲幾萬美元以進行挑戰的勇氣？

4. 海外投資計畫的彈性

配合自己目的意識的變化、經濟狀況的變化，海外投資計畫也必須隨之進行迅速的彈性變化才行。

不僅僅只配合自己的情況來加以變化，也應該對應自己本身與國家的政治、經濟和文化的變遷來進行完善的投資計畫；所以，必須經常創造投資戰略或攻勢，並且注意與資產保護、秘密保護和節稅等等守備方式保持平衡。

後記　對增田俊男先生的期待——船井幸雄

本書的作者增田俊男是我的好朋友。

從前年到今年的這一段時間當中，我對於政治、經濟與社會活動潮流常識都受教於增田俊男先生，可說是大開眼界。

尤其，這十年來的世界是由「資本的意志」所操控……，這個觀點最為新奇。

站在「資本的意志」觀點來思考，作者對於今後的世界變化之預測，大多數都正確無誤，這一點真是令人佩服不已。相信這本書的內容將給予讀者們多方面的啟示。

去年，我和他合作了兩本書，特別推薦各位多聽聽他的說法。

這兩年來，無論公私兩方面，受到他的照顧極深，由衷地感謝；並且非常榮幸的是，竟然擔任他賢伉儷的月下老人。

不論如何，我非常喜歡增田俊男先生的為人和行動力，他可以洞見時代潮流的才能更是使人著迷，並且想要為他宣傳。如果有此榮幸，希望日後仍然可以繼續推薦他的才華。

我曾經對於增田俊男先生提出兩個要求，「你一定要一直保持謙遜的態度，並且一直不斷地對未來加以預測」；到目前為止，他都一直遵守著這兩個要求。使我非常地欣喜。

但是，最近有好幾個朋友提出一些問題。

譬如：「我想聽一聽增田俊男先生對於投資的建議，並且想與其締結投資顧問契約，也想寄放一些資本請他幫我獲取利益，可以嗎？」

坦白說，對於這樣的問題，我無法進行回答。

更坦白地說，我並不想獲得增田俊男先生對於個人投資的任何建議。更何況是關於委託資本獲取利益的問題，即使在法律所允許的範圍之內，但還是最好加以避免。

在文稿截稿之前，剛好和增田俊男先生有一談話機會，所以詢問了您的問題（關於委託資本獲取利益資格的問題），他的回答是可以給予建議，但是無法接受委託資本以獲取利益。

如此一來，因為對於自己所發言的內容興起慾望，所以無法預測得當的可能性極大。同時，如果其不命中率雖只佔了百分之一，但是一失誤，會馬上掉入惡意批評的漩渦，信用更為掃地。依據我的經驗，這種感受是令人充分了解的。

換言之，如果擔任經營顧問，只要有百分之一的失敗率就會變成你的致命傷。因為增田俊男先生是這個世界的人，因此特書此言。

如果本書的讀者真的想接受增田俊男先生的建議，或是善用其建議，則必須充分地理解其結果是「自己的責任」。

為了讓具有才華的增田俊男先生更加活躍，並且為了這世界中對增田俊男先生有極高評價、極力推薦增田俊男先生的我，特別留此一筆。

同時，希望增田俊男先生今後能為了在世界中建立更好的日本，活用自己的能力。

增田俊男

目前擔任國際金融分析家、巴哈馬籍金融股份有限公司 CEO。1938 年，生於東京。畢業於慶應義塾大學商學院；1962 年，就任東急代理公司；1965 年，隻身渡美，於美國經商成功後，移居夏威夷；1987 年，開始支援原住民進行土地歸還請求運動，並順利獲得六百坪土地的歸還，美國總統柯林頓被迫正式道歉。1994 年帛琉共和國成立之際，對於其海外投資法的制訂極有貢獻。關於國際金融的流動問題，其抱持了「資本的意志」之獨特見解，而獲得矚目。寫作書籍有《資本的意志使日本復活》、合著《日本會更好》。

關於投資的相關問題，請以 FAX（03–3955–2122）和 E–mail（sunra@luvnet.com）與我們聯絡。

大展出版社有限公司
品冠文化出版社

圖書目錄

地址：台北市北投區（石牌）致遠一路二段 12 巷 1 號
電話：(02)28236031
28236033
郵撥：0166955～1
傳真：(02)28272069

・法律專欄連載・電腦編號 58

台大法學院 法律學系／策劃
法律服務社／編著

1. 別讓您的權利睡著了 1		200 元
2. 別讓您的權利睡著了 2		200 元

・武術特輯・電腦編號 10

1. 陳式太極拳入門	馮志強編著	180 元
2. 武式太極拳	郝少如編著	200 元
3. 練功十八法入門	蕭京凌編著	120 元
4. 教門長拳	蕭京凌編著	150 元
5. 跆拳道	蕭京凌編譯	180 元
6. 正傳合氣道	程曉鈴譯	200 元
7. 圖解雙節棍	陳銘遠著	150 元
8. 格鬥空手道	鄭旭旭編著	200 元
9. 實用跆拳道	陳國榮編著	200 元
10. 武術初學指南	李文英、解守德編著	250 元
11. 泰國拳	陳國榮著	180 元
12. 中國式摔跤	黃　斌編著	180 元
13. 太極劍入門	李德印編著	180 元
14. 太極拳運動	運動司編	250 元
15. 太極拳譜	清・王宗岳等著	280 元
16. 散手初學	冷　峰編著	200 元
17. 南拳	朱瑞琪編著	180 元
18. 吳式太極劍	王培生著	200 元
19. 太極拳健身和技擊	王培生著	250 元
20. 秘傳武當八卦掌	狄兆龍著	250 元
21. 太極拳論譚	沈　壽著	250 元
22. 陳式太極拳技擊法	馬　虹著	250 元
23. 二十四式/三十二式 太極 拳/劍	闞桂香著	180 元
24. 楊式秘傳 129 式太極長拳	張楚全著	280 元
25. 楊式太極拳架詳解	林炳堯著	280 元

26.	華佗五禽劍	劉時榮著	180 元
27.	太極拳基礎講座:基本功與簡化 24 式	李德印著	250 元
28.	武式太極拳精華	薛乃印著	200 元
29.	陳式太極拳拳理闡微	馬　虹著	350 元
30.	陳式太極拳體用全書	馬　虹著	400 元
31.	張三豐太極拳	陳占奎著	200 元
32.	中國太極推手	張　山主編	300 元
33.	48 式太極拳入門	門惠豐編著	220 元

・原地太極拳系列・電腦編號 11

1.	原地綜合太極拳 24 式	胡啓賢創編	220 元
2.	原地活步太極拳 42 式	胡啓賢創編	200 元
3.	原地簡化太極拳 24 式	胡啓賢創編	200 元
4.	原地太極拳 12 式	胡啓賢創編	200 元

・道學文化・電腦編號 12

1.	道在養生：道教長壽術	郝　勤等著	250 元
2.	龍虎丹道：道教內丹術	郝　勤著	300 元
3.	天上人間：道教神仙譜系	黃德海著	250 元
4.	步罡踏斗：道教祭禮儀典	張澤洪著	250 元
5.	道醫窺秘：道教醫學康復術	王慶餘等著	250 元
6.	勸善成仙：道教生命倫理	李　剛著	250 元
7.	洞天福地：道教宮觀勝境	沙銘壽著	250 元
8.	青詞碧簫：道教文學藝術	楊光文等著	250 元
9.	沈博絕麗：道教格言精粹	朱耕發等著	250 元

・秘傳占卜系列・電腦編號 14

1.	手相術	淺野八郎著	180 元
2.	人相術	淺野八郎著	180 元
3.	西洋占星術	淺野八郎著	180 元
4.	中國神奇占卜	淺野八郎著	150 元
5.	夢判斷	淺野八郎著	150 元
6.	前世、來世占卜	淺野八郎著	150 元
7.	法國式血型學	淺野八郎著	150 元
8.	靈感、符咒學	淺野八郎著	150 元
9.	紙牌占卜學	淺野八郎著	150 元
10.	ESP 超能力占卜	淺野八郎著	150 元
11.	猶太數的秘術	淺野八郎著	150 元
12.	新心理測驗	淺野八郎著	160 元
13.	塔羅牌預言秘法	淺野八郎著	200 元

·趣味心理講座· 電腦編號 15

1.	性格測驗　探索男與女	淺野八郎著	140 元
2.	性格測驗　透視人心奧秘	淺野八郎著	140 元
3.	性格測驗　發現陌生的自己	淺野八郎著	140 元
4.	性格測驗　發現你的真面目	淺野八郎著	140 元
5.	性格測驗　讓你們吃驚	淺野八郎著	140 元
6.	性格測驗　洞穿心理盲點	淺野八郎著	140 元
7.	性格測驗　探索對方心理	淺野八郎著	140 元
8.	性格測驗　由吃認識自己	淺野八郎著	160 元
9.	性格測驗　戀愛知多少	淺野八郎著	160 元
10.	性格測驗　由裝扮瞭解人心	淺野八郎著	160 元
11.	性格測驗　敲開內心玄機	淺野八郎著	140 元
12.	性格測驗　透視你的未來	淺野八郎著	160 元
13.	血型與你的一生	淺野八郎著	160 元
14.	趣味推理遊戲	淺野八郎著	160 元
15.	行爲語言解析	淺野八郎著	160 元

·婦 幼 天 地· 電腦編號 16

1.	八萬人減肥成果	黃靜香譯	180 元
2.	三分鐘減肥體操	楊鴻儒譯	150 元
3.	窈窕淑女美髮秘訣	柯素娥譯	130 元
4.	使妳更迷人	成　玉譯	130 元
5.	女性的更年期	官舒妍編譯	160 元
6.	胎內育兒法	李玉瓊編譯	150 元
7.	早產兒袋鼠式護理	唐岱蘭譯	200 元
8.	初次懷孕與生產	婦幼天地編譯組	180 元
9.	初次育兒 12 個月	婦幼天地編譯組	180 元
10.	斷乳食與幼兒食	婦幼天地編譯組	180 元
11.	培養幼兒能力與性向	婦幼天地編譯組	180 元
12.	培養幼兒創造力的玩具與遊戲	婦幼天地編譯組	180 元
13.	幼兒的症狀與疾病	婦幼天地編譯組	180 元
14.	腿部苗條健美法	婦幼天地編譯組	180 元
15.	女性腰痛別忽視	婦幼天地編譯組	150 元
16.	舒展身心體操術	李玉瓊編譯	130 元
17.	三分鐘臉部體操	趙薇妮著	160 元
18.	生動的笑容表情術	趙薇妮著	160 元
19.	心曠神怡減肥法	川津祐介著	130 元
20.	內衣使妳更美麗	陳玄茹譯	130 元
21.	瑜伽美姿美容	黃靜香編著	180 元
22.	高雅女性裝扮學	陳珮玲譯	180 元
23.	蠶糞肌膚美顏法	梨秀子著	160 元

24. 認識妳的身體	李玉瓊譯	160 元
25. 產後恢復苗條體態	居理安・芙萊喬著	200 元
26. 正確護髮美容法	山崎伊久江著	180 元
27. 安琪拉美姿養生學	安琪拉蘭斯博瑞著	180 元
28. 女體性醫學剖析	增田豐著	220 元
29. 懷孕與生產剖析	岡部綾子著	180 元
30. 斷奶後的健康育兒	東城百合子著	220 元
31. 引出孩子幹勁的責罵藝術	多湖輝著	170 元
32. 培養孩子獨立的藝術	多湖輝著	170 元
33. 子宮肌瘤與卵巢囊腫	陳秀琳編著	180 元
34. 下半身減肥法	納他夏・史達賓著	180 元
35. 女性自然美容法	吳雅菁編著	180 元
36. 再也不發胖	池園悅太郎著	170 元
37. 生男生女控制術	中垣勝裕著	220 元
38. 使妳的肌膚更亮麗	楊　皓編著	170 元
39. 臉部輪廓變美	芝崎義夫著	180 元
40. 斑點、皺紋自己治療	高須克彌著	180 元
41. 面皰自己治療	伊藤雄康著	180 元
42. 隨心所欲瘦身冥想法	原久子著	180 元
43. 胎兒革命	鈴木丈織著	180 元
44. NS 磁氣平衡法塑造窈窕奇蹟	古屋和江著	180 元
45. 享瘦從腳開始	山田陽子著	180 元
46. 小改變瘦 4 公斤	宮本裕子著	180 元
47. 軟管減肥瘦身	高橋輝男著	180 元
48. 海藻精神秘美容法	劉名揚編著	180 元
49. 肌膚保養與脫毛	鈴木真理著	180 元
50. 10 天減肥 3 公斤	彤雲編輯組	180 元
51. 穿出自己的品味	西村玲子著	280 元
52. 小孩髮型設計	李芳黛譯	250 元

・青春天地・電腦編號 17

1. A 血型與星座	柯素娥編譯	160 元
2. B 血型與星座	柯素娥編譯	160 元
3. O 血型與星座	柯素娥編譯	160 元
4. AB 血型與星座	柯素娥編譯	120 元
5. 青春期性教室	呂貴嵐編譯	130 元
7. 難解數學破題	宋釗宜編譯	130 元
9. 小論文寫作秘訣	林顯茂編譯	120 元
11.中學生野外遊戲	熊谷康編著	120 元
12.恐怖極短篇	柯素娥編譯	130 元
13.恐怖夜話	小毛驢編譯	130 元
14.恐怖幽默短篇	小毛驢編譯	120 元
15.黑色幽默短篇	小毛驢編譯	120 元

16.靈異怪談	小毛驢編譯	130 元
17.錯覺遊戲	小毛驢編著	130 元
18.整人遊戲	小毛驢編著	150 元
19.有趣的超常識	柯素娥編譯	130 元
20.哦！原來如此	林慶旺編譯	130 元
21.趣味競賽 100 種	劉名揚編譯	120 元
22.數學謎題入門	宋釗宜編譯	150 元
23.數學謎題解析	宋釗宜編譯	150 元
24.透視男女心理	林慶旺編譯	120 元
25.少女情懷的自白	李桂蘭編譯	120 元
26.由兄弟姊妹看命運	李玉瓊編譯	130 元
27.趣味的科學魔術	林慶旺編譯	150 元
28.趣味的心理實驗室	李燕玲編譯	150 元
29.愛與性心理測驗	小毛驢編譯	130 元
30.刑案推理解謎	小毛驢編譯	180 元
31.偵探常識推理	小毛驢編譯	180 元
32.偵探常識解謎	小毛驢編譯	130 元
33.偵探推理遊戲	小毛驢編譯	180 元
34.趣味的超魔術	廖玉山編著	150 元
35.趣味的珍奇發明	柯素娥編著	150 元
36.登山用具與技巧	陳瑞菊編著	150 元
37.性的漫談	蘇燕謀編著	180 元
38.無的漫談	蘇燕謀編著	180 元
39.黑色漫談	蘇燕謀編著	180 元
40.白色漫談	蘇燕謀編著	180 元

·健 康 天 地· 電腦編號 18

1. 壓力的預防與治療	柯素娥編譯	130 元
2. 超科學氣的魔力	柯素娥編譯	130 元
3. 尿療法治病的神奇	中尾良一著	130 元
4. 鐵證如山的尿療法奇蹟	廖玉山譯	120 元
5. 一日斷食健康法	葉慈容編譯	150 元
6. 胃部強健法	陳炳崑譯	120 元
7. 癌症早期檢查法	廖松濤譯	160 元
8. 老人痴呆症防止法	柯素娥編譯	130 元
9. 松葉汁健康飲料	陳麗芬編譯	130 元
10. 揉肚臍健康法	永井秋夫著	150 元
11. 過勞死、猝死的預防	卓秀貞編譯	130 元
12. 高血壓治療與飲食	藤山順豐著	180 元
13. 老人看護指南	柯素娥編譯	150 元
14. 美容外科淺談	楊啓宏著	150 元
15. 美容外科新境界	楊啓宏著	150 元
16. 鹽是天然的醫生	西英司郎著	140 元

17. 年輕十歲不是夢	梁瑞麟譯	200 元
18. 茶料理治百病	桑野和民著	180 元
19. 綠茶治病寶典	桑野和民著	150 元
20. 杜仲茶養顏減肥法	西田博著	170 元
21. 蜂膠驚人療效	瀨長良三郎著	180 元
22. 蜂膠治百病	瀨長良三郎著	180 元
23. 醫藥與生活	鄭炳全著	180 元
24. 鈣長生寶典	落合敏著	180 元
25. 大蒜長生寶典	木下繁太郎著	160 元
26. 居家自我健康檢查	石川恭三著	160 元
27. 永恆的健康人生	李秀鈴譯	200 元
28. 大豆卵磷脂長生寶典	劉雪卿譯	150 元
29. 芳香療法	梁艾琳譯	160 元
30. 醋長生寶典	柯素娥譯	180 元
31. 從星座透視健康	席拉・吉蒂斯著	180 元
32. 愉悅自在保健學	野本二士夫著	160 元
33. 裸睡健康法	丸山淳士等著	160 元
34. 糖尿病預防與治療	藤田順豐著	180 元
35. 維他命長生寶典	菅原明子著	180 元
36. 維他命 C 新效果	鐘文訓編	150 元
37. 手、腳病理按摩	堤芳朗著	160 元
38. AIDS 瞭解與預防	彼得塔歇爾著	180 元
39. 甲殼質殼聚糖健康法	沈永嘉譯	160 元
40. 神經痛預防與治療	木下真男著	160 元
41. 室內身體鍛鍊法	陳炳崑編著	160 元
42. 吃出健康藥膳	劉大器編著	180 元
43. 自我指壓術	蘇燕謀編著	160 元
44. 紅蘿蔔汁斷食療法	李玉瓊編著	150 元
45. 洗心術健康秘法	竺翠萍編譯	170 元
46. 枇杷葉健康療法	柯素娥編譯	180 元
47. 抗衰血癒	楊啟宏著	180 元
48. 與癌搏鬥記	逸見政孝著	180 元
49. 冬蟲夏草長生寶典	高橋義博著	170 元
50. 痔瘡・大腸疾病先端療法	宮島伸宜著	180 元
51. 膠布治癒頑固慢性病	加瀨建造著	180 元
52. 芝麻神奇健康法	小林貞作著	170 元
53. 香煙能防止癡呆？	高田明和著	180 元
54. 穀菜食治癌療法	佐藤成志著	180 元
55. 貼藥健康法	松原英多著	180 元
56. 克服癌症調和道呼吸法	帶津良一著	180 元
57. B 型肝炎預防與治療	野村喜重郎著	180 元
58. 青春永駐養生導引術	早島正雄著	180 元
59. 改變呼吸法創造健康	原久子著	180 元
60. 荷爾蒙平衡養生秘訣	出村博著	180 元

61. 水美肌健康法	井戶勝富著	170 元
62. 認識食物掌握健康	廖梅珠編著	170 元
63. 痛風劇痛消除法	鈴木吉彥著	180 元
64. 酸莖菌驚人療效	上田明彥著	180 元
65. 大豆卵磷脂治現代病	神津健一著	200 元
66. 時辰療法—危險時刻凌晨 4 時	呂建強等著	180 元
67. 自然治癒力提升法	帶津良一著	180 元
68. 巧妙的氣保健法	藤平墨子著	180 元
69. 治癒 C 型肝炎	熊田博光著	180 元
70. 肝臟病預防與治療	劉名揚編著	180 元
71. 腰痛平衡療法	荒井政信著	180 元
72. 根治多汗症、狐臭	稻葉益巳著	220 元
73. 40 歲以後的骨質疏鬆症	沈永嘉譯	180 元
74. 認識中藥	松下一成著	180 元
75. 認識氣的科學	佐佐木茂美著	180 元
76. 我戰勝了癌症	安田伸著	180 元
77. 斑點是身心的危險信號	中野進著	180 元
78. 艾波拉病毒大震撼	玉川重德著	180 元
79. 重新還我黑髮	桑名隆一郎著	180 元
80. 身體節律與健康	林博史著	180 元
81. 生薑治萬病	石原結實著	180 元
82. 靈芝治百病	陳瑞東著	180 元
83. 木炭驚人的威力	大槻彰著	200 元
84. 認識活性氧	井土貴司著	180 元
85. 深海鮫治百病	廖玉山編著	180 元
86. 神奇的蜂王乳	井上丹治著	180 元
87. 卡拉 OK 健腦法	東潔著	180 元
88. 卡拉 OK 健康法	福田伴男著	180 元
89. 醫藥與生活	鄭炳全著	200 元
90. 洋蔥治百病	宮尾興平著	180 元
91. 年輕 10 歲快步健康法	石塚忠雄著	180 元
92. 石榴的驚人神效	岡本順子著	180 元
93. 飲料健康法	白鳥早奈英著	180 元
94. 健康棒體操	劉名揚編譯	180 元
95. 催眠健康法	蕭京凌編著	180 元
96. 鬱金（美王）治百病	水野修一著	180 元
97. 醫藥與生活	鄭炳全著	200 元

・實用女性學講座・電腦編號 19

1. 解讀女性內心世界	島田一男著	150 元
2. 塑造成熟的女性	島田一男著	150 元
3. 女性整體裝扮學	黃靜香編著	180 元
4. 女性應對禮儀	黃靜香編著	180 元

5.	女性婚前必修	小野十傳著	200 元
6.	徹底瞭解女人	田口二州著	180 元
7.	拆穿女性謊言 88 招	島田一男著	200 元
8.	解讀女人心	島田一男著	200 元
9.	俘獲女性絕招	志賀貢著	200 元
10.	愛情的壓力解套	中村理英子著	200 元
11.	妳是人見人愛的女孩	廖松濤編著	200 元

・校園系列・電腦編號 20

1.	讀書集中術	多湖輝著	180 元
2.	應考的訣竅	多湖輝著	150 元
3.	輕鬆讀書贏得聯考	多湖輝著	150 元
4.	讀書記憶秘訣	多湖輝著	180 元
5.	視力恢復！超速讀術	江錦雲譯	180 元
6.	讀書 36 計	黃柏松編著	180 元
7.	驚人的速讀術	鐘文訓編著	170 元
8.	學生課業輔導良方	多湖輝著	180 元
9.	超速讀超記憶法	廖松濤編著	180 元
10.	速算解題技巧	宋釗宜編著	200 元
11.	看圖學英文	陳炳崑編著	200 元
12.	讓孩子最喜歡數學	沈永嘉譯	180 元
13.	催眠記憶術	林碧清譯	180 元
14.	催眠速讀術	林碧清譯	180 元
15.	數學式思考學習法	劉淑錦譯	200 元
16.	考試憑要領	劉孝暉著	180 元
17.	事半功倍讀書法	王毅希著	200 元
18.	超金榜題名術	陳蒼杰譯	200 元
19.	靈活記憶術	林耀慶編著	180 元

・實用心理學講座・電腦編號 21

1.	拆穿欺騙伎倆	多湖輝著	140 元
2.	創造好構想	多湖輝著	140 元
3.	面對面心理術	多湖輝著	160 元
4.	偽裝心理術	多湖輝著	140 元
5.	透視人性弱點	多湖輝著	140 元
6.	自我表現術	多湖輝著	180 元
7.	不可思議的人性心理	多湖輝著	180 元
8.	催眠術入門	多湖輝著	150 元
9.	責罵部屬的藝術	多湖輝著	150 元
10.	精神力	多湖輝著	150 元
11.	厚黑說服術	多湖輝著	150 元

12. 集中力	多湖輝著	150 元
13. 構想力	多湖輝著	150 元
14. 深層心理術	多湖輝著	160 元
15. 深層語言術	多湖輝著	160 元
16. 深層說服術	多湖輝著	180 元
17. 掌握潛在心理	多湖輝著	160 元
18. 洞悉心理陷阱	多湖輝著	180 元
19. 解讀金錢心理	多湖輝著	180 元
20. 拆穿語言圈套	多湖輝著	180 元
21. 語言的內心玄機	多湖輝著	180 元
22. 積極力	多湖輝著	180 元

・超現實心理講座・電腦編號 22

1. 超意識覺醒法	詹蔚芬編譯	130 元
2. 護摩秘法與人生	劉名揚編譯	130 元
3. 秘法！超級仙術入門	陸明譯	150 元
4. 給地球人的訊息	柯素娥編著	150 元
5. 密教的神通力	劉名揚編著	130 元
6. 神秘奇妙的世界	平川陽一著	200 元
7. 地球文明的超革命	吳秋嬌譯	200 元
8. 力量石的秘密	吳秋嬌譯	180 元
9. 超能力的靈異世界	馬小莉譯	200 元
10. 逃離地球毀滅的命運	吳秋嬌譯	200 元
11. 宇宙與地球終結之謎	南山宏著	200 元
12. 驚世奇功揭秘	傅起鳳著	200 元
13. 啓發身心潛力心象訓練法	栗田昌裕著	180 元
14. 仙道術遁甲法	高藤聰一郎著	220 元
15. 神通力的秘密	中岡俊哉著	180 元
16. 仙人成仙術	高藤聰一郎著	200 元
17. 仙道符咒氣功法	高藤聰一郎著	220 元
18. 仙道風水術尋龍法	高藤聰一郎著	200 元
19. 仙道奇蹟超幻像	高藤聰一郎著	200 元
20. 仙道鍊金術房中法	高藤聰一郎著	200 元
21. 奇蹟超醫療治癒難病	深野一幸著	220 元
22. 揭開月球的神秘力量	超科學研究會	180 元
23. 西藏密教奧義	高藤聰一郎著	250 元
24. 改變你的夢術入門	高藤聰一郎著	250 元
25. 21 世紀拯救地球超技術	深野一幸著	250 元

・養 生 保 健・電腦編號 23

1. 醫療養生氣功	黃孝寬著	250 元

2. 中國氣功圖譜	余功保著	250 元
3. 少林醫療氣功精粹	井玉蘭著	250 元
4. 龍形實用氣功	吳大才等著	220 元
5. 魚戲增視強身氣功	宮 嬰著	220 元
6. 嚴新氣功	前新培金著	250 元
7. 道家玄牝氣功	張 章著	200 元
8. 仙家秘傳袪病功	李遠國著	160 元
9. 少林十大健身功	秦慶豐著	180 元
10. 中國自控氣功	張明武著	250 元
11. 醫療防癌氣功	黃孝寬著	250 元
12. 醫療強身氣功	黃孝寬著	250 元
13. 醫療點穴氣功	黃孝寬著	250 元
14. 中國八卦如意功	趙維漢著	180 元
15. 正宗馬禮堂養氣功	馬禮堂著	420 元
16. 秘傳道家筋經內丹功	王慶餘著	280 元
17. 三元開慧功	辛桂林著	250 元
18. 防癌治癌新氣功	郭 林著	180 元
19. 禪定與佛家氣功修煉	劉天君著	200 元
20. 顛倒之術	梅自強著	360 元
21. 簡明氣功辭典	吳家駿編	360 元
22. 八卦三合功	張全亮著	230 元
23. 朱砂掌健身養生功	楊永著	250 元
24. 抗老功	陳九鶴著	230 元
25. 意氣按穴排濁自療法	黃啓運編著	250 元
26. 陳式太極拳養生功	陳正雷著	200 元
27. 健身祛病小功法	王培生著	200 元
28. 張式太極混元功	張春銘著	250 元
29. 中國璇密功	羅琴編著	250 元
30. 中國少林禪密功	齊飛龍著	200 元
31. 郭林新氣功	郭林新氣功研究所	400 元

・社會人智囊・電腦編號 24

1. 糾紛談判術	清水增三著	160 元
2. 創造關鍵術	淺野八郎著	150 元
3. 觀人術	淺野八郎著	200 元
4. 應急詭辯術	廖英迪編著	160 元
5. 天才家學習術	木原武一著	160 元
6. 貓型狗式鑑人術	淺野八郎著	180 元
7. 逆轉運掌握術	淺野八郎著	180 元
8. 人際圓融術	澀谷昌三著	160 元
9. 解讀人心術	淺野八郎著	180 元
10. 與上司水乳交融術	秋元隆司著	180 元
11. 男女心態定律	小田晉著	180 元

12.	幽默說話術	林振輝編著	200 元
13.	人能信賴幾分	淺野八郎著	180 元
14.	我一定能成功	李玉瓊譯	180 元
15.	獻給青年的嘉言	陳蒼杰譯	180 元
16.	知人、知面、知其心	林振輝編著	180 元
17.	塑造堅強的個性	坂上肇著	180 元
18.	爲自己而活	佐藤綾子著	180 元
19.	未來十年與愉快生活有約	船井幸雄著	180 元
20.	超級銷售話術	杜秀卿譯	180 元
21.	感性培育術	黃靜香編著	180 元
22.	公司新鮮人的禮儀規範	蔡媛惠譯	180 元
23.	傑出職員鍛鍊術	佐佐木正著	180 元
24.	面談獲勝戰略	李芳黛譯	180 元
25.	金玉良言撼人心	森純大著	180 元
26.	男女幽默趣典	劉華亭編著	180 元
27.	機智說話術	劉華亭編著	180 元
28.	心理諮商室	柯素娥譯	180 元
29.	如何在公司崢嶸頭角	佐佐木正著	180 元
30.	機智應對術	李玉瓊編著	200 元
31.	克服低潮良方	坂野雄二著	180 元
32.	智慧型說話技巧	沈永嘉編著	180 元
33.	記憶力、集中力增進術	廖松濤編著	180 元
34.	女職員培育術	林慶旺編著	180 元
35.	自我介紹與社交禮儀	柯素娥編著	180 元
36.	積極生活創幸福	田中真澄著	180 元
37.	妙點子超構想	多湖輝著	180 元
38.	說 NO 的技巧	廖玉山編著	180 元
39.	一流說服力	李玉瓊編著	180 元
40.	般若心經成功哲學	陳鴻蘭編著	180 元
41.	訪問推銷術	黃靜香編著	180 元
42.	男性成功秘訣	陳蒼杰編著	180 元
43.	笑容、人際智商	宮川澄子著	180 元
44.	多湖輝的構想工作室	多湖輝著	200 元
45.	名人名語啓示錄	喬家楓著	180 元
46.	口才必勝術	黃柏松編著	220 元
47.	能言善道的說話術	章智冠編著	180 元
48.	改變人心成爲贏家	多湖輝著	200 元
49.	說服的ＩＱ	沈永嘉譯	200 元
50.	提升腦力超速讀術	齊藤英治著	200 元
51.	操控對手百戰百勝	多湖輝著	200 元
52.	面試成功戰略	柯素娥編著	200 元
53.	摸透男人心	劉華亭編著	180 元
54.	撼動人心優勢口才	龔伯牧編著	180 元
55.	如何使對方說 yes	程　羲編著	200 元

大展好書 好書大展

大展好書 好書大展